Nicht verpassen!

7 Liebfrauenkathedrale, Antwerpen [I E6]

Mit ihrem über 100 m hohen Turm ist sie das unübersehbare Wahrzeichen der Stadt. Außerdem beherbergt sie zwei der wichtigsten Werke Rubens' (s. S. 43).

9 Grote Markt, Antwerpen [I E6]

Einer der attraktivsten Plätze Belgiens ist gesäumt von prachtvollen Bauten. Blickfang ist das spätgotische Rathaus (s. S. 44).

15 Museum aan de Stroom, Antwerpen [I F5]

Antwerpens jüngste Touristenattraktion erzählt Geschichte. Flanderns wichtigster Museumsneubau lockt zahlreiche Besucher in das neue Szeneviertel 't Eilandje um Bonaparte- und Willemdock (s. S. 49).

20 Roezenhoedkaai, Brügge [II E7]

Die Bilderbuchpromenade der Stadt erlaubt einen einmaligen Blick auf das beeindruckende Stadtpanorama. Hier starten auch die meisten Kanalrundfahrten ins „Venedig des Nordens" (s. S. 72).

21 Groeninge Museum, Brügge [II D8]

Flämische Malerei vom Feinsten, Brügges erste Adresse für alle Freunde alter Kunst! Bilder von Hans Memling, Jan van Eyck oder Hugo van der Goes geben Einblick in die Welt von einst (s. S. 73).

23 Beginenhof, Brügge [II D9]

Diese kleine Siedlung entführt den Besucher in die mittelalterliche Welt der Beginen, einer spirituell geprägten Frauengemeinschaft, die sich jahrhundertelang um Arme und Kranke kümmerte (s. S. 75).

27 Genter Altar in St. Bavo [III F5]

Das spätmittelalterliche Altarbild in St. Bavo, dessen Geschichte ganze Bücher füllt, fasziniert bis heute. Von einem „köstlich Gemähl" schwärmte schon Dürer (s. S. 91).

29 Belfried, Gent [III E5]

Ein Kupferdrache wacht seit Jahrhunderten über dem Wahrzeichen der Stadt. Von oben bietet sich ein wunderbarer Blick auf zahllose Türme Gents, dem „Manhattan des Mittelalters" (s. S. 94).

34 Burg Gravensteen, Gent [III D4]

Flanderns ritterlicher Vorzeigepalast! Die Burg der Grafen gilt als Kulisse des ersten Parzival-Romans. Ein Movieguide führt den Besucher in die Ära der Kreuzzüge (s. S. 97).

Leichte Orientierung mit dem cleveren Nummernsystem

Die Sehenswürdigkeiten der Stadt sind zum schnellen Auffinden mit **fortlaufenden Nummern** versehen. Diese verweisen auf die ausführliche Beschreibung **im jeweiligen „Entdecken-Kapitel"** und zeigen auch die genaue Lage **im Stadtplan**.

Inhalt

◁ David Tenier – der Maler gründete
1664 die Antwerpener Akademie

Exkurse zwischendurch

Benutzungshinweise

Kartenseiten und -Faltplan

Die im Buch beschriebenen Örtlichkeiten wie Sehenswürdigkeiten, Restaurants, Hotels, Cafés usw. sind im Kartenmaterial mit Symbol und Nummer eingetragen.

Orientierungssystem

Zur schnelleren Orientierung tragen alle Hauptsehenswürdigkeiten und Lokalitäten sowohl im Text als auch im Kartenmaterial die gleiche Nummer:

> **㉕** Mit einer fortlaufenden magentafarbenen Nummer sind die Hauptsehenswürdigkeiten gekennzeichnet.

> **❼81** Mit Symbol und fortlaufender Nummer werden die sonstigen Lokalitäten wie Cafés, Geschäfte, Hotels, Infostellen usw. gekennzeichnet.

> ❭ Die farbige Linie markiert den Verlauf der Stadtspaziergänge (s. S. 37, S. 66, S. 90).

> ❭ Bläulich hervorgehobene Bereiche in den Karten kennzeichnen Gebiete mit einem dichten Angebot an Restaurants, Bars, Klubs, Discos etc.

> ❭ Rötlich hervorgehobene Bereiche in den Karten kennzeichnen die wichtigsten Shoppingareale.

[III D8] In eckigen Klammern steht das Planquadrat im Kartenmaterial, hier Planquadrat D8 in der Karte III (Gent).

Ortsmarken ohne Angabe des Planquadrats liegen außerhalb unserer Karten. Sie können aber wie alle Örtlichkeiten in unseren speziellen Luftbildkarten auf der Produktseite dieses Buches unter www.reise-know-how.de oder direkt unter http://ct-antwerpen14.reise-know-how. de lokalisiert werden.

Preiskategorien Restaurants

€	Menü bis 20 €
€€	Menü bis 40 €
€€€	Menü ab 40 €

Preise für ein Menü mit Vorspeise, Hauptgericht und Nachspeise ohne Getränke

Bewertung der Sehenswürdigkeiten

★ ★ ★	auf keinen Fall verpassen
★ ★	besonders sehenswert
★	wichtige Sehenswürdigkeit für speziell interessierte Besucher

Vorwahlen

> ❭ Für **Telefonate aus D, A und CH** gilt: Antwerpen 0032 (0)3, Brügge 0032 (0)50, Gent 0032 (0)9

Impressum

Günter Schenk

CityTrip Antwerpen, Brügge, Gent

erschienen im
Reise Know-How Verlag Peter Rump GmbH,
Osnabrücker Str. 79, 33649 Bielefeld

© Reise Know-How Verlag Peter Rump
GmbH 2009, 2010, 2011, 2012
**5., neu bearbeitete und komplett
aktualisierte Auflage 2014**
Alle Rechte vorbehalten.

ISBN 978-3-8317-2415-4
Printed in Germany

Herausgeber: Klaus Werner
Lektorat: amundo media GmbH
Layout: Klaus Werner (Umschlag),
amundo media GmbH (Inhalt)
Karten: Ingenieurbüro B. Spachmüller,
amundo media GmbH
Druck und Bindung: Media-Print, Paderborn
Fotos: der Autor (gs, Seite 2 und Cover)
Anzeigenvertrieb: KV Kommunalverlag
GmbH & Co. KG, Alte Landstraße 23,
85521 Ottobrunn, Tel. 089 928096-0,
info@kommunal-verlag.de

Dieses Buch ist erhältlich in jeder Buchhandlung Deutschlands, der Schweiz, Österreichs, Belgiens und der Niederlande. Bitte informieren Sie Ihren Buchhändler über folgende Bezugsadressen:
Deutschland: Prolit GmbH, Postfach 9, D-35461 Fernwald (Annerod) sowie alle Barsortimente
Schweiz: AVA Verlagsauslieferung AG, Postfach 27, CH-8910 Affoltern
Österreich: Mohr Morawa Buchvertrieb GmbH, Sulzengasse 2, A-1230 Wien
Niederlande, Belgien: Willems Adventure, www.willemsadventure.nl
Wer im Buchhandel kein Glück hat, bekommt unsere Bücher auch über unseren Büchershop im Internet:
www.reise-know-how.de

Wir freuen uns über Kritik, Kommentare und Verbesserungsvorschläge:
info@reise-know-how.de

Latest News
Unter www.reise-know-how.de werden aktuelle Ergänzungen und Änderungen der Autoren und Leser zum vorliegenden Buch bereitgestellt. Sie sind auf der Produktseite dieses CityTrip-Titels abrufbar.

www.reise-know-how.de
▸ Ergänzungen nach Redaktionsschluss
▸ kostenlose Zusatzinfos und Downloads
▸ das komplette Verlagsprogramm
▸ aktuelle Erscheinungstermine
▸ Newsletter abonnieren
Verlagsshop mit Sonderangeboten

Auf Städtetrip durch Flandern

001fl Abb.: gs

0471l Abb.: gs

Langeweile wird bei einem Kurzur-
laub in Flandern niemals aufkommen,
bieten doch Antwerpen, Brügge und
Gent für jeden etwas. Kunst- und Kul-
tursuchende kommen dank vieler
neuer Museen auf alle Fälle auf ihre
Kosten, aber auch Einkaufsbummler
und Freunde guten Essens und Trin-
kens sind in Flandern bestens aufgehoben.

Flanderns Städte an einem Wochenende

Wer nur ein verlängertes Wochenende oder ein paar Tage im Rahmen einer Belgienreise zur Verfügung hat,
sollte sich bereits im Vorfeld ent-
scheiden, was ihm am Herzen liegt.
Kunst und Kultur wie in Brügge, Groß-
stadtatmosphäre wie in Antwerpen –

⌃ *Vielleicht Belgiens schönste Ufer-
promenade: Gents Graslei* **35**

⌐ *Wohnen am Wasser: in Brügge
nichts Ungewöhnliches*

⌐ *Vorseite: Gaukler auf dem Marktplatz* **17** *in Brügge*

oder ein bisschen von beidem wie in
Gent, das in den letzten Jahren touristisch kräftig Punkte gesammelt
hat. Auf alle Fälle sollte man immer
direkt in den Innenstädten nächtigen,
was lange Anfahrten und eine zeit-
raubende Parkplatzsuche vermeidet
und auch abends noch einen gemüt-
lichen Kneipenbummel erlaubt.

Die folgende Wochenendreise dauert drei Tage. Wenn man die Reise
freitags starten und ausgiebig shoppen will, sollte man den Reiseverlauf
umdrehen, damit man sonntags in
Antwerpen nicht vor verschlossenen
Geschäften steht.

1. Tag: Brügge

Am besten startet man das „Abenteuer Flandern" in Brügge. Empfehlenswert ist ein Hotel im Herzen der Innenstadt, dann ist es nur ein Katzensprung zu allen wichtigen Sehenswürdigkeiten. Dazu gehören der Marktplatz mit dem Belfried **⑰**, die Heilig-Blut-Basilika **⑱**, die Liebfrauenkirche **㉒** und der Beginenhof **㉓**. Und wie zu Venedig eine Gondelfahrt gehört auch zum „Venedig des Nordens" eine **Fahrt durch die Grachten** (s. S. 73) Allerdings sollte man entweder gleich frühmorgens oder erst spätmittags zur Bootstour antreten, da sonst oft lange Wartezeiten an den Anlegestellen drohen.

⌃ *Eine Gentearin hat sich gut gelaunt in ein historisches Kostüm geworfen*

Allen Freunden der Kultur sei nachmittags eine **Stippvisite in einem der großen Kunsttempel** wie dem Sankt Jansspital oder dem Groeninge Museum **㉑** empfohlen. Wer mit Kindern unterwegs ist, hat sicher mehr Spaß im Schokoladenmuseum (s. S. 85) oder im Pommes-frites-Museum (s. S. 85).

Nach dem Abendessen gilt es, gemütlich bummelnd die andere Seite Brügges kennenzulernen, wenn die **Promenaden entlang der Grachten** ihren besonderen Zauber entfalten. Vielleicht lassen Sie den Tag in einer der kleinen Kneipen ausklingen, bei einem belgischen Bier, das noch mehr Lust auf Flandern macht.

⌃ *Das bunt geschmückte Rathaus in Antwerpen*

2. Tag: Gent

Nach dem Frühstück ist es nur eine knappe Auto- oder Eisenbahnstunde nach Gent, das auf dem Weg nach Antwerpen liegt. Kunstfreunde steuern am besten gleich die beiden **Museen im Süden der Stadt** an, das Städtische Museum für zeitgenössische Kunst **42** (S.M.A.K.) und das gegenüberliegende Museum für Schöne Künste **41**. Auf dem Weg in die Innenstadt lohnt sich ein Zwischenstopp im eindrucksvollen Stadtmuseum STAM **39**, das einen einmaligen Überblick über die Geschichte Gents gibt. In der Altstadt sind Burg Gravensteen **33**, die Uferpromenaden Korenlei und Graslei **35**, Belfried **29** und die Bavo-Kathedrale **27** mit dem berühmten „Genter Altar", der zurzeit allerdings restauriert wird, die touristischen Höhepunkte.

Wer will, kann in Gent übernachten oder gleich weiter nach Antwerpen fahren. An abendlichen Attraktionen, vom Kneipenbummel bis zum Theaterbesuch, mangelt es heute keiner der beiden Städte mehr.

3. Tag: Antwerpen

Rund eine Stunde dauert die Fahrt von Gent nach Antwerpen – gleich ob mit Auto oder dem Zug. Den Bummel durch die flämische Metropole startet man am besten im Viertel um Grote Markt **9** und Liebfrauenkathedrale **7**. Eine Stippvisite am Schelde-Ufer und im modernen Museum aan de Stroom **15** sollte ebenfalls drin sein, dann aber heißt es ab in das **Modeviertel rund um die Nationalestraat 11** – oder man flaniert über die wichtigste Einkaufsachse der Stadt, die Meir **4**, Richtung Bahnhof **1**. Der Weg zum sehenswerten **Hauptbahnhof** führt auch nah am Rubenshaus **5** vorbei, eine der ersten Museumsadressen der Stadt.

Eine Alternative bei schönem Wetter wäre eine **Rundfahrt durch Europas zweitgrößten Hafen**. Abends locken Restaurants oder ein Besuch in einem der Theater oder dem Opernhaus, für das man freilich rechtzeitig Karten organisieren sollte.

Allgemeine Planungshinweise

> Antwerpen, Brügge und Gent lassen sich gut **im Rahmen eines sommerlichen Strandurlaubs** an der Nordsee erkunden. So bieten sich Schlechtwettertage für Kurzausflüge in die flandrischen Metropolen an. Von Brügge etwa ist es nicht einmal eine halbe Autostunde zu den weiten Sandstränden der belgischen Küste – nach Ostende, Blankenberge oder Knokke. Und vor den Toren Südhollands mit seinen Meereslandschaften liegt Antwerpen, die neben Brüssel wichtigste Einkaufsadresse Flanderns.

> **Brügge** sollte man zu **Hauptsaisonzeiten und an einschlägigen Wochenenden (z. B. Ostern und Pfingsten) meiden,** denn dann wird der Ort von Tagesgästen überlaufen. Freunde romantischer Zweisamkeit sollten dies bedenken, sie kommen im Winter eher auf ihre Kosten.

> **Gent** ist ein klassisches **Ganzjahresziel.** Besonders lebendig wirkt die Stadt während der Gentse Feesten Mitte Juli, wenn zehn Tage lang Open-Air-Party angesagt ist und Zehntausende meist junger Menschen die City bevölkern. Besonders abends ist Gent eine Reise wert, wenn die schönsten Häuser und Plätze der Innenstadt erleuchtet sind.

> Wer **Großstadtatmosphäre** schnuppern will, sollte seinen Reiseschwerpunkt auf **Antwerpen** legen. Hier locken die großen Businesshotels am Wochenende, wenn die Geschäftsleute fehlen, mit satten Preisabschlägen. Allerdings haben die Geschäfte in der Regel sonntags geschlossen, was Einkaufsbummler bedenken sollten.

Antwerpen · Brügge · Gent, Umgebung

1cm = 8 km

0 — 10 km

© REISE KNOW-HOW 2014

Ohne Brille, Uhr und Handy – der „Umzug des Goldenen Baumes" in Brügge

Gleich kiloweise landet die Schminke auf der Haut. Ein gutes Dutzend Männer und Frauen färben seit Stunden Gesichter. Schlichte Büromenschen werden auf diese Weise „geadelt", verwandeln sich in Herzog und Prinzessin, Kaiser und Königin. Aus Arbeitern werden burgundische Höflinge, aus Schulmädchen flandrische Kammerzofen. Auf meterhohen Stelzen erscheinen Gaukler und fahrendes Volk, Jongleure und Artisten, die mittelalterlichen Wegbereiter moderner Unterhaltungskunst.

Schwer haben die Krieger an ihren Schilden zu schleppen, die Ritter an ihren Kettenhemden. Zum Leidwesen der **Fahnen- und Standartenträger**, deren Flaggen meist einen Löwen zeigen, Flanderns Wappentier, bläst ein kräftiger Wind vom Meer her. Die frische Brise treibt auch **Sänger und Tänzer**, die viele Wochen für den großen Tag geprobt haben. Immer wieder halten sie inne, geben ein Ständchen oder erfreuen mit einem Reigen. Vom Straßenrand, wo die Menschen in Zweier- und Dreierreihen auf gemieteten Stühlen sitzen, wird das mit Beifall belohnt.

Alle fünf Jahre spielt Brügge große Geschichte. Beim „Umzug des Goldenen Baumes" lebt seine Glanzzeit noch einmal auf, findet die **Vermählung der Prinzessin Margaretha von York**, der Schwester des englischen Königs, **mit dem Burgunder-Herrscher Karl dem Kühnen** ihre Neuauflage. Im silbernen, edelsteinbesetzten Brokat zog die Braut im Sommer 1468 in Brügge ein. Die Hofdamen der damals 22 Jahre alten Auserwählten kamen auf weißen Pferden und großen Wagen mit den Wappen von England und Burgund.

Unbeschreiblicher Prunk machte die Vermählung zu einer **Bilderbuchhochzeit**. Aus ganz Europa waren Diplomaten und Wirtschaftslenker angereist, die sich von Karls dritter Ehe einiges versprachen. So kamen die Venezianer standesgemäß in Rot, die Florentiner in Weiß, die Spanier in Violett, schließlich noch hundert Hanseaten, die der Hansestadt Brügge ihre Ehre erweisen wollten. Unter Glockengeläut zog die Gesellschaft durch die mit Triumphbögen geschmückte Stadt. „Man kann sicher sein", schrieb der Organisator des Festes, „dass die Bürger von Brügge noch ihren Kindern und Kindeskindern von den Wundern dieser Tage erzählen".

Ein halbes Jahrtausend später inszenierte man das Fest aufs Neue und legte so den Grundstock für **Belgiens wichtigstes Historienspiel**. Gut 2000 Akteure sind es inzwischen, die dem Spektakel Leben einhauchen: Reiter, Fahnenträger, Musiker, Sänger und viele Hundert Tänzer und Tänzerinnen, die für choreografische Einlagen sorgen. Dazu kommt ein gutes Dutzend Festwagen.

„Bitte nehmen Sie die Brille von der Nase", mahnt einer der Organisatoren die Festzugteilnehmer. Armbanduhren haben in der Tasche zu verschwinden, Handys sowieso, denn in Brügge nimmt man Geschichte ernst. Schließlich waren es Historiker, die die Nachstellung des Hochzeitszugs als anschaulichen Geschichtsunterricht planten.

Zur richtigen Zeit am richtigen Ort

Die Lebenslust der Flamen spiegelt sich auch in ihrem Festkalender. Angeblich gibt es nirgends sonst so viele Festivals pro Einwohner wie in Flandern. So vergeht im Sommer kein Wochenende, an dem nicht irgendwo gefeiert wird. Manche Angebote wie der nur alle fünf Jahre stattfindende Umzug des Goldenen Baums in Brügge sind ganz auf Touristen zugeschnitten, andere wie die Heilig-Blut-Prozession Ausdruck jahrhundertealter Volksfrömmigkeit. Publikumsrenner sind der Rubensmarkt zu Mariä Himmelfahrt in Antwerpen, die Gentse Feesten im Juli und die nur alle vier Jahre stattfindenden Reiefeesten in Brügge.

Frühling

> **Brügge: Cinemanovo Filmfestival.** Independentfilme aus Afrika, Asien und Lateinamerika (März, April, www.cinemanovo.be).
> **Gent: Genter Floralien.** Belgiens größte Blumen- und Gartenschau (alle fünf Jahre im April, nächstes Mal 2015, www.floralien.be).
> **Brügge: Heilig-Blut-Prozession (Christi Himmelfahrt).** Religiöser Umgang mit großer Tradition (Mai, Exkurs s. S. 70, www.holyblood.com).

Sommer

> **Brügge: Cactus Music Festival.** Freiluftfestival im Minnewaterpark mit Auftritten internationaler Stars (Juli, www.cactusfestival.be).
> **Gent: Gentse Feesten.** Zehntägiges Volksfest in der Innenstadt, mit zwei Millionen Besuchern jährlich das größte Kulturereignis der Region zum Nulltarif. Täglich Livekonzerte auf allen gro-ßen Plätzen der Stadt, Open-Air-Discos, Comedy, Puppentheater usw. (Mitte Juli, www.gentsefeesten.be).

> **Gent: Patersholfeesten.** Straßenfest im Szeneviertel Patershol, Musik und Tanz (Anfang August, www.patershol.org).
> **Antwerpen: Museumnacht.** Museumsbesuche bis 1 Uhr nachts! (August, www.museumsnacht.be)
> **Antwerpen: Rubensmarkt.** Die ganze Innenstadt ist ein einziger Markt, großer Rummel (15.8., www.antwerpen.be).
> **Brügge: Umzug des Goldenen Baumes.** Belgiens vielleicht schönster historischer Umzug. (alle fünf Jahre im August, nächster Termin: 2017, Exkurs s. S. 12).
> **Antwerpen: Zomer van Antwerpen.** Riesiges Straßenfestival am Schelde-Ufer, viel Musik und Theater (Juli/August, www.zomervanantwerpen.be).
> **Brügge: Reiefeesten.** Entlang seiner Kanäle (Reien) spielen Brügges Bürger auf ausgewählten Plätzen in historischen Kostümen Stadtgeschichte nach (alle vier Jahre im August, nächster Termin 2017, www.reiefeest.be).

Allgemeine Feiertage

> 1. Januar: Neujahr
> Ostersonntag und -montag
> 1. Mai: Tag der Arbeit
> Christi Himmelfahrt
> Pfingstsonntag und -montag
> 11. Juli: Feiertag der Flämischen Gemeinschaft
> 21. Juli: Belgischer Nationalfeiertag
> 15. August: Mariä Himmelfahrt
> 1. November: Allerheiligen
> 11. November: Gedenktag zum Ende des Ersten Weltkriegs (11.11.1918)
> 25. Dezember: Weihnachten

Das gibt es nur in Flandern

> *Waterzooi:* Ein Eintopf ist das Lieblingsgericht vieler Flamen. Was einst als Armeleuteessen galt, ist heute salonfähig. In Gent wird Waterzooi in vielen Lokalen serviert, mal traditionell mit Fisch, meist aber mit Huhn oder Fleisch (s. S. 18). Unbedingt einmal probieren!

> *ModeNatie* **11**: Ein ganzes Haus nur für Mode! Boutique, Bibliothek, Buchshop und Museum geben Einblick in aktuelle Trends und Entwicklungen der Modebranche. Wer wissen will, warum Antwerpen in Sachen Mode inzwischen zusammen mit New York, London, Paris und Mailand genannt wird, erfährt es hier.

> *Rubenshaus* **5**: Besuch beim Meister des flämischen Barock. Liebevoll hat man sein Wohnhaus, Atelier und Garten wieder aufgebaut. Wer Peter Paul Rubens und einige seiner Bilder näher kennenlernen will, ist hier an der richtigen Stelle.

> *Heilig-Blut-Prozession:* Flämische Volksfrömmigkeit vom Feinsten! Einmal jährlich tragen die Bürger Brügges ihre Heilig-Blut-Reliquie durch die Straßen, einen alten Schrein von unschätzbarem Wert. Die Prozession an Christi Himmelfahrt krönt das Festleben der Stadt (Exkurs s. S. 70).

> *Sankt Jansspital mit Ursula-Schrein* (s. S. 86): Eines der ältesten Hospitäler Europas bildet in Brügge die ungewöhnliche Kulisse für die Werke des flämischen Malers Hans Memling. Der von ihm geschaffene Ursula-Schrein gehört zu den schönsten religiösen Kunstwerken der Welt.

> *Veggiestadt Gent:* Jeden Donnerstag verzichtet Gent auf den Genuss von Fleisch! Kantinen und Hochschulmensen servieren dann meist Gemüse. Auch viele Hotels und Restaurants beteiligen sich an der weltweit beachteten Aktion (Exkurs s. S. 111).

Herbst, Winter

> Antwerpen: **Laundry Day.** Dance-Festival im alten Hafenviertel 't Eilandje (Anfang September, www.laundryday.be).

> Gent: **Internationales Filmfestival Flandern.** Flanderns wichtigster Cineastentreff (Sept./Okt., www.filmfestival.be).

> Gent: **Sechstagerennen.** Belgiens populärer Radsportklassiker mit internationaler Beteiligung (November, www.z6sdaagse.be).

> Antwerpen, Brügge, Gent: **Weihnachtsmärkte** (Dezember). In Gent ist die Sint-Baafsplein **28** weihnachtlicher Anziehungspunkt, hier bilden rund fünfzig

Hütten ein kleines Weihnachtsdorf. Im Schatten der Liebfrauenkathedrale **7** stimmt sich Antwerpen auf das Fest ein. Und mit gleich zwei Weihnachtsmärkten auf dem Markt **17** und dem Simon-Stevin-Plein [II D7] wartet Brügge auf.

> Brügge: **Brugge Feest.** Start ins neue Jahr mit Musik und Feuerwerk auf dem Platz 't Zand (Silvester, www.comiteevor initiatief.be).

▷ *Im Sommer gibt es Kultur im Freien wie hier bei einem Straßenfest in Gent*

Flandern für Citybummler

Citybummler kommen in Flandern immer auf ihre Kosten! So lockt **Antwerpen** als **Hafen-, Kunst- und Modemetrople** mit fast 2000 Cafés und Restaurants. Viele ballen sich um die Liebfrauenkathedrale ❼ in der Innenstadt. Wer ausgehen will, ist aber längst nicht mehr auf das Kneipenviertel um Belgiens größtes Gotteshaus angewiesen. Mit Het Zuid ⓭ im Süden und 't Eilandje ⓯ im Norden rund um die alten Hafenanlagen gibt es neue In-Viertel, die vor allem an heißen Sommerabenden aus allen Nähten zu platzen scheinen.

Auch Kunstfreunde sind in diesen Quartieren gut aufgehoben. So finden sich im Süden das wegen Renovierung derzeit geschlossene Königliche Museum der Schönen Künste ⓮ und das Museum für Gegenwartskunst (M HKA, s. S. 61). Im Norden locken Willem- und Bonapartedock, zwischen denen mit dem Museum aan de Stroom (MAS) ⓯ Antwerpens

gewichtigstes Museum liegt. Und nur ein paar Schritte weiter erinnert das neue Red Star Line Museum (s. S. 61) an die unzähligen Menschen, die von Antwerpen aus in die neue Welt auswanderten.

Einkaufsbummler haben die Qual der Wahl: Wer exklusive Kleidung sucht, sollte sich in den Boutiquen rund um das Modemuseum (s. S. 61) umsehen. Die gängigen Markenboutiquen und Labels finden sich entlang der Meir ❹, der breiten Einkaufsmeile zwischen Hauptbahnhof und Liebfrauenkathedrale. Glanzlichter im wahrsten Sinn des Wortes sind der Stadsfeestzaal (s. S. 57), eines der **Aushängeschilder belgischer Shoppingkultur,** und das neue Paleis op de Meir, ein prächtiger Rokokopalast. Wer dagegen ein stilleres Plätzchen sucht, findet mit dem Stadspark [I G8] und dem Botanischen Garten Oasen der Ruhe mitten im Häusermeer.

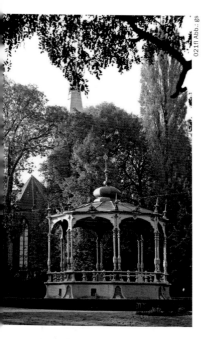

021fl Abb.: gs

Mit dem Minnewaterpark und dem angrenzenden Beginenhof **㉓** besitzt auch **Brügge** eine kleine grüne Lunge. Wer im „Venedig des Nordens" aber wirklich Ruhe sucht, muss den Stadtkern verlassen. Millionen Besucher nämlich stillen hier auf engstem Raum jährlich ihren Hunger nach Geschichte. Brügge ist ein Gesamtkunstwerk, **das seinen Reiz aber vor allem nachts entfaltet**, wenn warmes Lampenlicht den Grachten mit ihren Brücken und benachbarten Häusern eine besondere Atmosphäre verleiht. Da mischen sich Melancholie und Romantik, eine Stimmung, von der sich Maler und Literaten über Jahrhunderte inspirieren ließen.

Wie die Gondelfahrt zu Venedig gehört auch in Brügge eine **Bootstour** zu den Höhepunkten (s. S. 73). Wer jedoch das echte Brügge spüren will,

muss sich in die **Viertel am Stadtrand** aufmachen, in schmale Seitengassen eintauchen, die nicht von Schokoladenläden und Souvenirgeschäften dominiert werden. Ecken, die wirklich zum Bummeln, nicht zum permanenten Shoppen einladen.

Die vielleicht **interessanteste Stadt für alle Citybummler** könnte **Gent** sein, weil sie nicht wie Brügge touristisch herausgeputzt oder wie Antwerpen von internationalem Flair geprägt ist. Gent ist Belgien pur! Eine Stadt, in der die Flamen den Ton angeben, nicht die Touristen wie in Brügge, auch nicht Handel und Wirtschaft wie in Antwerpen. Citybummler fühlen sich in einer der größten Fußgängerzonen Belgiens besonders aufgehoben. Sie umfasst fast den ganzen historischen Kern des „Manhattan des Mittelalters", wie Gent wegen der hohen Kirchtürme oft genannt wird.

Neben dem Vrijdagmarkt **㉜** sind der Sint-Baafsplein **㉘**, den der mächtige Belfried **㉙** und die Kathedrale St. Bavo **㉗** säumen, und seit Neuestem auch die neue Stadthalle, ein architektonisches Meisterwerk, die wichtigsten Treffpunkte der Stadt. Von seiner Bilderbuchseite aber zeigt sich Gent an seinen **Uferpromenaden Korenlei und Graslei ㉟**. Hier treffen sich die Citybummler zu einem Espresso oder einem belgischen Bier und hier starten auch die Boote zu ihren Rundfahrten vorbei an den wichtigsten Zeugen der Stadtgeschichte wie der Burg Gravensteen **㉞**.

Das Herz des modernen Gent schlägt freilich im Süden der Stadt, im **Universitätsviertel ㊵**, wo sich kleine Cafés, Kinos und Geschäfte ballen. Zehntausende von Studenten haben dem Quartier in den letzten Jahren vor allem abends neues Leben eingehaucht.

Flanderns Städte zum Träumen und Entspannen

Ja, auch in den großen Städten Flanderns gibt es Plätze zum Träumen und Entspannen, **grüne Oasen der Ruhe**, die man freilich ein bisschen suchen muss.

So lockt in **Antwerpen** der **Stadspark** [I G8], ein grünes Dreieck mitten im Häusermeer. Jogger lieben ihn ebenso wie Mütter und Väter, die mit ihren Kindern spielen – und Hundebesitzer, die mit Plastikbeuteln in der Hand und ihren Lieblingen an der Leine hier ihre Runden drehen. Bäume, Sträucher und Rasen säumen die großteils asphaltierten Wege, aber auch zahlreiche Teiche, in denen sich Enten und andere Wasservögel sichtbar wohlfühlen. Die vielen Denkmäler im Park, die an große und kleine Momente der Stadtgeschichte erinnern, vermitteln ein wenig von der goldenen Zeit Antwerpens.

Außergewöhnliche Blumen, Bäume und Sträucher prägen Antwerpens **Botanischen Garten** [I F8] (Leopoldstraat 24, tgl. 8–18 Uhr), der ebenfalls mitten in der Stadt, nur ein paar Schritte vom geschäftigen Einkaufsviertel Meir entfernt liegt. Gut zweitausend verschiedene Pflanzen finden sich dort. Und das außergewöhnliche, aber auch teure Kaffeehaus Het Gebaar.

Brügge bietet mit dem **Koningin Astrid Park** [II E7] eine Alternative zum meist überlaufenen Minnewaterpark am Hof der Beginen **㉓**. Hier trifft sich tagsüber die Jugend zum Frisbeespielen und anderem Freizeitsport. Ruhiger ist es ein paar Minuten weiter Richtung Nordosten, wo eine Festungsanlage die Stadt begrenzt, ein grüner Hügel, von dem man einen schönen Blick auf die mittelalterliche Kulisse der Stadt hat. Obenauf stehen **Brügges bekannte Windmühlen,** die manche Postkarte zieren. Zwei davon kann man von Juli bis August besichtigen: die aus dem 18. Jh. stammende St. Janshuismolen [II F5] und die Koeleweimolen [II F4] (Di.–So 9.30–12.30 u. 13.30–17 Uhr, 3 €).

Gents grüne Vorzeigeoase ist der **Citadelpark** [III D/E9], ein 16 ha großes Freizeitareal ganz in Bahnhofsnähe. Er ist nach der größten Zitadelle benannt, die hier im frühen 19. Jh. zur Verteidigung der Stadt angelegt wurde. Die Militäranlagen verschwanden jedoch 1913 mit der Weltausstellung. Heute ist der Citadelpark ein wunderschöner Park im englischen Landschaftsstil, der seit 1984 mit seinen Wiesen, Bächen und künstlichen Wasserfällen unter Naturschutz steht.

Nur ein paar Schritte weiter findet sich mit dem **botanischen Garten der Universität** in der K. L. Ledeganckstraat ein weiteres grünes Juwel (Mo.–Fr. 9–16.30 Uhr, Sa./So. 9–12 Uhr), das ebenfalls öffentlich zugänglich ist. Tausende, zum Teil sehr seltene Pflanzen wachsen hier, fast alle wissenschaftlich ausgeschildert. Ein Hort der Ruhe und der Erkenntnis, in dem man sich vom anstrengenden Museumsbesuch – Gents wichtigste Sammlungen liegen in unmittelbarer Nähe – erholen kann.

◁ *Brügge: Idylle im Koningin Astrid Park*

Flandern für Genießer

„Lekkerbekken" – „Schleckermäulchen" – heißen die Flamen nicht zu Unrecht, denn kaum ein anderes Volk Europas legt so viel Wert auf gutes Essen und Trinken. Rechnet man die Sterne der großen Gourmetführer auf Einwohner um, gibt es in Flandern mehr ausgezeichnete Feinschmeckertempel als im benachbarten Frankreich. Wer Brügge, Antwerpen und heute vor allem Gent besucht, ist so auch immer auf kulinarischer Entdeckungsreise. Dutzende feiner Restaurants offerieren das Beste aus Küche und Keller. Fleisch, das auf weiten grünen Wiesen und Weiden vor der Haustür erzeugt wird, und Fisch oder Meeresfrüchte aus der nahen Nordsee. Dazu Kartoffeln, Gemüse und andere Beilagen aus der Region.

Das alles hat seinen Preis, aber **die Flamen geben für gutes Essen auch gern gutes Geld aus.** Für die Einheimischen ist der Restaurantbesuch vor allem am Wochenende so viel Wert wie ein Theaterabend, weshalb die **großen Köche wie Stars verehrt** werden. Stundenlang zelebrieren die Flamen das Essen, aus (nahezu) jeder Mahlzeit wird ein Festmahl. Zwischen England und den Niederlanden erscheint Flandern als kulinarisches Bollwerk, als wollten die Menschen dort allen in Europa zeigen, dass nicht nur die Südländer gutes Essen für sich gepachtet haben. Diesem Trend tragen auch die Mitglieder der Flemish Foodies Rechnung, einer kleinen Gemeinschaft junger und wilder Köche, die vor allem in Gent zu Hause sind und mit ganz kleinen Speisekarten und immer frischen Zutaten von sich reden machen (www.flemishfoodies.be).

Flanderns Küche

Groß ist die Bandbreite in Flanderns Küche, wo heute immer häufiger **frische Naturprodukte** zur Verwendung kommen – Fisch und Fleisch gleichermaßen, die ihre besondere Note nicht selten durch einen Schuss Bier erhalten (s. S. 23). Garnelen, Scholle und Seezunge, Hering, Kabeljau und Schellfisch liefert die nahe Nordsee. Auch Ente, Huhn, Fasan und Hase stehen gern auf dem Speiseplan – hin und wieder Pferd, das besser schmeckt, als viele glauben. Vor allem in Antwerpen findet man das **Pferdefleisch** *(Paardevlees)* wieder häufiger auf den Speisekarten, etwa im Restaurant Ciro's (s. S. 58), wo es einst als „Filet d'Anvers" zu den Spezialitäten gehörte.

Mit veränderten Essgewohnheiten aber wandelt sich langsam auch **Flanderns traditionelle Küche.** In Gent etwa, wo man früher die sogenannte *Peerdeluukworst* schätzte, eine aus Pferdeblut gefertigte Wurst, muss man heute lange danach suchen. Auch der *Hoofdvlak,* ein Schweinskopf, der gewöhnlich mit viel Senf verspeist wird, ist so gut wie ganz von den Karten der Restaurants verschwunden.

Dagegen feiert ein anderes Traditionsgericht kulinarische Renaissance: Der gute alte Eintopf, der in immer neuen Varianten angeboten wird und in Belgien **Waterzooi** heißt. Ein Blick in seine Geschichte zeigt, dass er früher mit Kalb- und Hühnerfleisch, aber auch mit Aal, Karpfen oder Krabben offeriert wurde. Heute wird er in der Regel nur mit Huhn serviert. *Waterzooi* übersetzt man am besten mit „kochendes Wasser", ist das flandrische Traditionsgericht doch eine Mischung aus Suppe und

Smoker's Guide

In Belgien gilt an allen öffentlichen Orten wie Bahnhöfen oder Flughäfen ein Rauchverbot. Auch in Restaurants, Cafés, Diskotheken oder Kasinos ist das Rauchen nicht mehr erlaubt. Tabakfreunde müssen sich, wie inzwischen fast überall in Europa, zum Rauchen ins Freie begeben!

060fl Abb.: gs

Eintopf. So werden zur Fleischeinlage meist Kartoffeln und saisonales Gemüse beigegeben, dazu Gewürze, die jeder Koch individuell dosiert.

Ein gutes Essen rundet ein Stückchen Käse ab. Allein zwanzig verschiedene **Ziegenkäse** werden heute in Flandern hergestellt, unter denen der *Hinkelspel* in Gent zu den besten gehört. Dazu mundet auch *Brugs Beschuit,* ein leicht gewürzter, süßer Zwieback. Zur Verdauung schließlich gehört neben einem mehr oder minder starken Kaffee vor allem in Gent und Antwerpen ein heimischer **Kräuterlikör,** ein „Elixir d'Anvers" oder ein „Elixir Oud Gent", beides sozusagen belgische Jägermeister auf der Basis vieler verschiedener Heilpflanzen.

Für Touristen unübersehbar ist das Angebot an **Miesmuscheln** *(Mosselen),* die meist auf großen Schiefertafeln in allen Varianten und zu allen Preisen offeriert werden und als eine Art Nationalgericht gelten. Sie kommen im Sud oder mit Käse überbacken auf den Tisch und werden in der Regel immer von einer großen Portion **Pommes frites** begleitet, die auf flämisch *pattatekes* heißen, „kleine Kartoffeln". Überhaupt werden Kartoffeln zu fast allen Hauptgerichten serviert. Außerdem wird Gemüse gereicht. Das **heimische Gemüse,** allen vor-

an der Chicorée, kommt zunehmend auch den Vegetariern zugute. Auf sie haben sich nicht nur Fast-Food-Ketten wie EXKI eingestellt, sondern auch immer mehr kleine Restaurants wie das Avalon in Gent (s. S. 110), das vegetarische Küche fast schon auf Sterne-Niveau zelebriert.

Für den schnellen Happen zwischendurch empfehlen sich Pita- und Dönerbuden, Pizzastände und Snackstationen, die belegte Brote und Bratwürste anbieten. Besonders beliebt in Antwerpen ist die Currywurst, die dort *Hollandse frikandel* genannt wird. Am liebsten jedoch machen die Einheimischen – und inzwischen auch immer mehr Touristen – an der *Frituur* Halt, **Belgiens traditionsreichen Pommesbuden.**

◿ *Die Graslei* ❸❺ *und Kraanlei in Gent locken Hungrige und Durstige*

Rezept für Belgiens Lieblingsgericht: Muscheln mit Weißweinsoße

Zutaten (für 4 Personen):
4 kg Muscheln
2 Zwiebeln
1 Möhre
2 Stangen grüner Sellerie
1/2 Bund Petersilie
1 kleiner Zweig Thymian
1 Lorbeerblättchen
1/2 Teelöffel Currypulver
20 g Butter
Salz und Pfeffer
2 dl trockener Weißwein

Zubereitung:
Zwiebeln, Möhre und Sellerie in grobe Stücke schneiden, kurz in Butter rösten und bei geschlossenem Deckel drei Minuten schwitzen lassen. Die gut gereinigten Muscheln in den Topf geben. Lauch, Thymian und Petersilie darauf legen und mit ausreichend Pfeffer und Curry würzen. Mit dem Weißwein übergießen und bei geschlossenem Deckel zum Kochen bringen. Die Muscheln mehrfach aufschütteln. Sie sind erst gar, wenn die Schalen offen sind.

(Quelle: Tourismus Flandern)

Gastro- und Nightlife-Areale
Bläulich hervorgehobene Bereiche in den Karten kennzeichnen Gebiete mit einem dichten Angebot an Restaurants, Bars, Klubs, Discos etc.

Freitag ist Frittentag

Kenner schätzen die belgischen Pommes frites als die besten der Welt. Viele Hundert *Frietkots*, Frittenbuden, stillen inzwischen den Appetit der Flamen auf die knusprigen, goldgelben Stäbchen. Für viele Belgier ist der **Freitag längst Synonym für einen Frittentag.** Zum Abschluss der Woche und vor dem ausgiebigen Wochenendessen hat sich das bei einigen Zeitgenossen so eingebürgert. Mehr als dreißig verschiedene Soßen, deren Rezepte sorgsam gehütet werden, vom Klassiker Mayonnaise bis zu schärfsten Exoten, lassen die Kartoffelsnacks besonders munden.

Anders als in den meisten Ländern werden die Pommes in Flandern nicht einmal, sondern **zweimal gebacken.** Hierzu benötigt man aber besonders gute Kartoffeln, die in Stäbchen von zehn bis zwölf Millimeter Breite geschnitten werden. Bevor sie erstmals in die Friteuse wandern, nehmen sie in der Regel noch ein Bad im kalten Wasser, das ihnen überschüssige Kartoffelstärke entziehen soll.

Für den ersten Frittiervorgang wird das Fett auf 120 bis maximal 140 °C erhitzt. Darin lässt man die Kartoffelstückchen einige Minuten schwimmen. Beginnen sie an der Oberfläche leicht zu brodeln, nimmt man sie vorsichtig aus dem Fett und lässt sie mindestens eine halbe Stunde lang auskühlen, ehe sie erneut in die Friteuse wandern. In dem mit 180 °C nun deutlich heißeren Fett lässt man die vorfrittierten Pommes schließlich drei bis vier Minuten knusprig backen.

Pommesbuden sind in Belgien seit einigen Jahren auch **offiziell zertifiziert.** So prangen vor Betrieben, die ausschließlich frische Kartoffeln verarbeiten, also keine tiefgefrorenen

Fritten verwenden, Schilder mit der Aufschrift „Ambachtelijke Friet", was so viel wie „hausgemachte Pommes" bedeutet.

Umstritten ist, wer die Pommes frites erfunden hat. Lokalpatrioten wollen wissen, dass man bereits Ende des 17. Jh. Kartoffeln frittiert habe.

Kannte man anfangs nur Pommes mit Salz, kamen in den 1930er-Jahren die ersten Soßen dazu. In den 1950er-Jahren servierte man zu den Kartoffeln dann auch saure Muscheln, Schmorfleisch, hartgekochte Eier, Gewürzgurken, Frikadellen oder Zervelatwurst. Inzwischen bieten die *Frietkots* als Beilagen auch Saté-Spieße, Bami-Scheiben, Fischstäbchen, Currywurst, Garnelen-, Käse- und Fleischkroketten, ja sogar Chicken Wings und Hamburger. Die **Kombination aus Fritten und Miesmuscheln** in den Wintermonaten ist gar zum Nationalgericht geworden (Rezept siehe links).

Was die Gestaltung der Pommes angeht, sind die Belgier Traditionalisten. Sie schwören in der Regel noch immer auf die bis heute klassische Stäbchenform. Das gilt auch für die Papiertüte, flämisch *Puntzak,* in denen die Pommes traditionell serviert werden. Kaum verändert hat sich auch die Gewohnheit, die Fritten mit den Fingern zu essen. Wer das nicht mag, greift auf kleine Gabeln zurück – das einzige Essbesteck, das man in den Pommesbuden kennt. Anfangs waren die Gabeln aus Holz, heute mehr und mehr auch aus Plastik.

Fritten sind die Leibspeise vieler Flamen. Traditionell werden sie in einer Papiertüte serviert.

Die ältesten Gabeln sind längst museumsreif – wie auch die Inneneinrichtungen alter *Frietkots.* So kann man in Brügge die Geschichte der Pommes in einem eigenen Museum, dem **Frietmuseum** (s. S. 85) verfolgen. Und in Antwerpen lädt **eine der ältesten und bekanntesten Frittenbuden Flanderns, Fritkot Max** am Groenplaats, zum Blick in die Kartoffelhistorie ein. Während im Erdgeschoss in traditioneller Art Pommes mit mehr als einem Dutzend Soßen in Papiertüten und mit Holzgabeln serviert werden, gibt es einen Stock höher Fotos, Zeichnungen und Gemälde von alten Frittenbuden zu sehen.

🏠1 [I E7] **Fritkot Max,** Groenplaats 12, **Antwerpen,** www.fritkotmax.be, Tel. 09 5213580, tgl. 12–24 Uhr

015fl Abb.: gs

Bier – Belgiens Nationalgetränk

Bier ist nicht gleich Bier. In keinem anderen Land der Welt gilt diese Weisheit mehr als in Belgien, wo der Gerstensaft Nationalgetränk ist. Unbeschreiblich groß ist die Vielfalt der Angebote: So stellen mehr als hundert kleine und große Brauereien heute über 400 verschiedene Biere her, rund 15 Millionen Hektoliter jährlich, von denen mehr als ein Drittel in alle Welt exportiert werden.

Vor allem die Flamen eint die Liebe zum Gerstensaft, der in vielen Tausend Betrieben zum Ausschank kommt. Manche servieren inzwischen spezielle Bier-Menüs – Mahlzeiten, bei denen zu jedem Gang ein passendes Bier gereicht wird. In der Regel haben die meisten Wirte **ein bis drei Dutzend verschiedene Biere im Ausschank,** ein Teil davon direkt vom Fass.

Wenn man einfach nur ein Bier bestellt, erhält man in Flandern gewöhnlich ein Pils. Meist aber wird man nach der gewünschten Sorte gefragt und damit beginnt die Qual der Wahl. Gute Gastronomen haben oft mehr als 50 verschiedene Sorten vorrätig, manche sogar weit mehr als 100! So lädt „Brugs Beertje" in der Brügger Kemelstraat fast täglich zu einer Reise durch Belgiens Bier-Universum. Es gibt gleich fünf verschiedene Sorten immer wieder wechselnd vom Fass. Und auch in Gent und Antwerpen finden sich genug Lokale, die den Weg in den Bierhimmel ebnen.

„Im Leben ward ich Gambrinus genannt, König von Flandern und Brabant. Ich hab aus Gersten, Malz gemacht – und Bierbrauen zuerst erdacht. Drum können die Brauer mit Wahrheit sagen, dass sie einen König zum Meister haben." Dieser Spruch erinnert an den Bierkönig Gambrinus, in dem Lokalpatrioten einen im Mittelalter regierenden, immer durstigen Herrscher sehen wollen: Herzog Jan I., dessen Name „Jan Primus" zu „Gambrinus" verballhornt wurde. Für die Wissenschaft freilich ist Flanderns Bier-König genauso legendär wie die ihm zugeschriebene Erfindung der Braukunst. Eher erinnert Gambrinus an das Wort „Cambarius", mit denen die Kelten ihre Brauer bezeichneten, die mittelalterlichen Mönche später ihren Kellermeister.

Wie auch immer: **Schon zu Caesars Zeiten** brauten Gallier und Germanen ein Bier, das zum Teil mit Bilsenkraut oder anderen Stimmungsaufhellern angereichert wurde. Wer die Geschichten um Asterix und Miraculix

⌂ *Bier ist nicht gleich Bier, im Angebot sind viele Hundert Sorten* kennt, weiß das längst. Auch im Mittelalter, als jährlich bis zu 500 Liter Gerstensaft pro Kopf durch die durstigen Kehlen der Flamen rannen, war Bier eine Alternative zum Wasser.

Im Lauf der Jahrhunderte wurde die **Bierherstellung allerdings immer feiner und vielfältiger,** kam zur Gerste der Hopfen. Doch während in Deutschland anno 1516 mit dem bis heute gültigen Reinheitsgebot die Freiheiten der Brauer drastisch eingeschränkt wurden, experimentierten Belgiens Brauer munter weiter. Vor allem in den Trappisten-Klöstern ersann man **immer neue Zutatenkombinationen,** die noch heute Weltruhm genießen und wegen ihres Alkoholgehalts von teilweise über 10 Vol.-% geschätzt werden. Andere Biere haben eine zweite Gärung in der Flasche mitgemacht und werden wie Sekt mit besonderen Korken verschlossen.

Sorten wie das „Lambiek" (franz. Lambic), das als eines der ältesten der Welt gilt, reifen wie Wein über Jahre in Eichentonnen und Flaschen. Andere Biere wie das spontangärige „Faro" werden mit Kandiszucker gesüßt. Mit Vorliebe werden die Gerstensäfte auch mit Früchten wie Kirschen, Himbeeren, Erdbeeren, Pfirsichen oder Schwarzen Johannisbeeren verschnitten, ja sogar mit Bananen, Ananas, Aprikosen, Mirabellen und Zitronen. Daraus werden Biere, die – wie die Marketingexperten der Brauhäuser wissen wollen – vor allem Frauen schätzen. Wieder andere Biere werden mit Koriander oder

Bier zum Essen

Wie Räder und Felgen gehören in Belgien auch gutes Essen und Bier zusammen. Davon sind viele Gastronomen überzeugt, z. B. die Dyver-Familie, die in Brügges Innenstadt seit Generationen das Restaurant **Den Dyver** betreibt. Der Juniorchef spricht bestes Deutsch und begleitet seine Gäste gern auf der kulinarischen Entdeckungsreise. Früher braute man im Dyver das Bier noch selbst, doch inzwischen erledigt das eine Hausbrauerei. Zu jedem Hauptgang wird ein neues Bier serviert, zu Fisch und Fleisch ebenso wie zum Käse und der Nachspeise. Edle Sorten aus Flandern und der Wallonie bis hin zum raren Trappistenbier, jedes in einem anderen Glas.

Wer in Antwerpen gutes Essen mit passendem Bier sucht, ist im Grand Café Horta im Hopland-Distrikt bestens aufgehoben, wo die Biermenüs zu den Spezialitäten des Hauses gehören. Hier fragt man sich, warum man gutes Essen meist mit Wein verbindet.

Schließlich machen wir in Gent noch einmal den Test und lassen uns in einem der ältesten Häuser der Stadt an der Graslei verwöhnen. Dort hat die belgische Großbrauerei Palm einen Kornspeicher aus dem 13. Jh. in ein superschickes Restaurant namens **Belga Queen** umgewandelt – und auch dort gibt es Menüs mit korrespondierenden Bieren, noch dazu in einem beispiellosen Ambiente.

❼172 [III D5] **Belga Queen,** Graslei 10, **Gent,** www.belgaqueen.be, Tel. 09 2800100, So.–Mi. 12–23, Do.–Sa. 12–24 Uhr (14.30–19 Uhr reduziertes Speiseangebot)

❷2 [II E7] **Den Dyver,** Dijver 5, **Brügge,** Tel. 050 336069, www.dyver.be, Do.–Mo. 12–14 u. 18.30–21 Uhr

❸3 [I G7] **Grand Café Horta,** Hopland 2, **Antwerpen,** Tel. 03 2035660, www. grandcafehorta.be, tgl. ab 9 Uhr (Küche 11–22 Uhr)

anderen Gewürzen angereichert, was ihnen ebenfalls einen individuellen Geschmack verleiht.

Bierfreunde kommen in allen flandrischen Städten auf ihre Kosten, laden doch kleine und große Brauereien überall zum Probieren ein. In Antwerpen ist es die Brauerei „De Koninck", deren helles und dunkles Ale überall in der Stadt ausgeschenkt wird. „De Halve Maan" heißt Brügges Hausbrauerei und in Gent ist es die Stadtbrauerei „Gruut", die nicht nur gern ihr Eigengebrautes serviert, sondern Interessierte auch gern durch ihre Anlagen führt.

Bierpuristen mag es angesichts der vielen exotischen Zutaten grausen, die Flamen aber pflegen ihre Bierkultur mit großer Liebe zum Detail. So gibt es **zu den meisten Bieren eigene Gläser,** große Kelche oder schmale Tulpen, die den Charakter des Gerstensaftes erst richtig zur Entfaltung bringen. Eine Renaissance erleben zurzeit die **Hausbrauereien,** selbst wenn ihre Zahl noch längst nicht an früher heranreicht. Ende des 19. Jh. zählten die Statistiker mehr als 3500 unabhängige Brauereien in Belgien.

Wer selbst einmal ein **Brauhaus** kennenlernen will, ist in den flandrischen Städten dieses CityTrips am richtigen Platz. Folgende Brauereigaststätten sind für eine Bierverkostung besonders empfehlenswert:

Brauhäuser in Flandern

🍺4 [I G11] **Brauerei De Koninck,** Mechelsesteenweg 291, **Antwerpen,** Tel. 03 2184048, www.dekoninck.com. Die Antwerpener Brauerei „De Koninck" braut seit Mitte des 19. Jh. das obergärige „De Koninck" und überrascht Bierfreunde mit immer neuen Kreationen. Wegen Renovierungsarbeiten derzeit keine Besichtigungen!

🍺5 [II D8] **Hausbrauerei De Halve Maan,** Walplein 26, **Brügge,** Tel. 050 332697, www.halvemaan.be, Besichtigung: April–Okt. 11–16 Uhr zu jeder vollen Stunde, Nov.–März Mo.–Fr. 11 und 15 Uhr, Sa. 11–17, So. 11–16 Uhr zu jeder vollen Stunde, 7 €. Von den einst 31 Brauereien ist in Brügge nur noch „De Halve Maan" bis heute erhalten geblieben. Anno 1564 wurde sie erstmals urkundlich erwähnt. „Brugse Zot" heißt die Hausmarke des Betriebes.

🍺6 [I C10] **Hausbrauerei 't Pakhuis,** Vlaamse Kaai 76, **Antwerpen,** Tel. 03 2381240, www.pakhuis.info, Ausschank Mo.–Sa. ab 11 Uhr, So. ab 12 Uhr. Im 't Pakhuis, einem alten Lagerhaus im Süden der Stadt, locken drei Hausbiere. Publikumsrenner ist das unfiltrierte und daher trübe „Antwerps Blond".

🍺7 [III F6] **Stadtbrauerei Gruut,** Grote Huidevettershoek 10, **Gent,** Tel. 09 2690269, www.gruut.be. So.–Mi. 10–18, Do.–Sa. 10–24 Uhr. Brauereibesichtigung gegen Entgelt möglich, allerdings sollte man sich mindestens eine Woche vorher anmelden.

Kulinarischer Tagesablauf

Die **Essenszeiten** in Flandern unterscheiden sich nicht von denen in Deutschland. Tendenziell etwas deftiger als gewohnt ist das **Frühstück** mit Wurst und Käse. Mittags geht man gewöhnlich zwischen 12 und 14 Uhr zum Lunch, abends wird ab 18.30 Uhr gespeist – inzwischen, vor allem im Sommer, aber auch gern später.

Darüber hinaus bieten Bistros, Brasserien und sogenannte *Eetcafés,* eine Art Cafeteria, tagsüber fast **rund um die Uhr kleine Mahlzeiten** an. Dazu gehört oft eine hausgemachte Tagessuppe. *Dagschotel* ist mit einem Stammessen bei uns vergleichbar, ein täglich wechselndes Gericht,

Pralinen – belgische Chocolateriekunst

Für Süßmäuler ist Belgien ein Paradies. Überall in den Städten drängen sich die Confiserien, gilt Schokolade doch bei Belgiern wie bei Urlaubern als beliebtes Mitbringsel. So reiht sich vor allem in Brügge in manchen Straßen ein Süßwarenladen an den anderen. Dabei eröffnete in Brügge erst 1950 der erste reine Süßwarenladen.

Die meisten Schokoladengeschäfte gehören zu Ketten wie Leonidas, Godiva oder Neuhaus, die ihre Waren inzwischen europaweit anbieten. Aber es finden sich auch kleine Schokomanufakturen. Dort allerdings muss man auch etwas mehr Geld ausgeben.

Dass Belgiens Schokolade so beliebt ist, liegt aber auch an ihrer Qualität, die auf einem **speziellen Reinheitsgebot** *beruht. Seit die EU die Beimischung von bis zu 5 % Fremdfetten in der Schokolade erlaubt, halten die Belgier an der teuren Kakaobutter fest.*

Die **populärste Form** *der Schokolade ist die* **Praline,** *die angeblich in Belgien erfunden wurde. Noch immer werden die besten Pralinen in Handarbeit hergestellt. „Maître Chocolatiers“ nennen sich die Pralinenspezialisten. So wie Lieven Burie in Antwerpen, der das Kunsthandwerk seines Vaters Hans weiter perfektioniert hat.*

In Brügge und Antwerpen heißt eine der ersten Adressen für Pralinen „The Chocolate Line“. Dahinter stecken Dominique und Fabienne Persoone, die mit immer neuen Kompositionen aufwarten. Traditioneller geht es beim Chocolatier Goossens in Antwerpen zu, dessen Cointreau-Trüffel geschätzt werden. Und Japaner loben die Pralinen von Del Rey, der seit über 60 Jahren für Qualität bürgt. Das gilt auch für van Hoorebeke in Gent, wo man durch einen verglasten Fußboden den Pralinenmachern bei ihrer filigranen Arbeit zusehen kann. Neu im Reigen der experimentierfreudigen Chocolatiers ist Nicolas Vanaise, der in Gent mit feinsten Kreationen überrascht und seine Pralinen mit Tabak oder Whisky parfümiert. Zu den ersten Adressen in Brügge zählt Stephan Dumont, der seine Pralinen gern in Schwanenform packt, und ein ehemaliger Chemie-Laborant, der bei Sukerbuyc mit Schokolade experimentiert.

🍫**8** *[I F7]* **Burie,** *Korte Gasthuisstraat 3,* **Antwerpen,** *Tel. 03 2323688, www.chocolatier-burie.be*

🍫**9** *[I H7]* **Del Rey,** *Appelmanstraat 5,* **Antwerpen,** *www.delrey.be*

🍫**10** *[I G10]* **Goosens,** *Isabellalei 6,* **Antwerpen,** *www.goossens-chocolatier.be*

🍫**11** *[I F7]* **The Chocolate Line,** *Paleis op de Meir 50,* **Antwerpen,** *www.thechocolateline.be, Tel. 03 2062030*

🍫**12** *[II D8]* **Chocolaterie Sukerbuyc,** *Katelijnestraat 5,* **Brügge,** *www.sukerbuyc.be*

🍫**13** *[II D7]* **Stephan Dumont,** *Simon Stevinplein 11,* **Brügge,** *www.chocolatierdumon.be*

🍫**14** *[II D7]* **The Chocolate Line,** *Simon Stevinplein 19,* **Brügge,** *Tel. 050 341090*

🍫**15** *[III E5]* **L. van Hoorebeke,** *St.-Baafsplein 15,* **Gent,** *www.chocolatesvanhoorebeke.be*

🍫**16** *[III F6]* **Yuzu by Nicolas Vanaise & C.,** *Walpoortstraat 11 a, Gent, Tel. 0473965733*

etrip durch Flandern
s Städte am Abend
Flandern 25

unter dem Namen *Dagme-
nu ung* oten wird.

Allgemein gilt: Ein **Tagesmenü** ist fast immer preiswerter als ein drei-gängiges À-la-carte-Menü. Viele der bekannten Sterne-Restaurants bieten mittags einen meist sehr guten Businesslunch zu Preisen um 20 € an. Wer Geld sparen und trotzdem hervorragend essen will, sollte deshalb den Mittag nutzen.

Auf ins Vergnügen

Konkrete Empfehlungen zu Gastronomie, Unterhaltung und Museen mit allen praktischen Informationen finden sich für

> **Antwerpen** ab Seite 56
> **Brügge** ab Seite 82
> **Gent** ab Seite 108

Flanderns Städte am Abend

Unterschiedlicher könnte das Nachtleben in den drei Städten kaum sein. In Brügge beschränkt es sich auf eine Handvoll nächtlicher Hotspots, während in Antwerpen und Gent Nachtschwärmer die Qual der Wahl haben. Großstädtisch ist das Nachtleben in Antwerpen geprägt, mit vielen großen Klubs, Theatern und schicken Bars, eher studentisch in Gent, dessen viele Zehntausend Studenten hier abends und nachts – vor allem donnerstags – den Ton angeben. Und wie fast überall in Europa geht in den Szenelokalen erst nach Mitternacht so richtig die Post ab – schließlich kennt Belgien keine Sperrzeiten.

Nachtleben

In **Brügge** beschränkt sich das Nachtleben hauptsächlich auf Donnerstag-, Freitag- und Samstagabend. Dann sind Langestraat und Kuiperstraat [II D7] Ziel der Nachtschwärmer, wo eine Reihe von Klubs die Partygänger erwarten. In **Gent** heißt die Amüsiermeile Overpoortstraat [III E8/9], auch hier warten Klubs, Cafés und Kneipen auf Ausgehfreudige.

Dinnershows und Varieté kennt das Nachtleben in **Antwerpen**, vor allem im Rotlichtviertel zwischen St.-Paulusplaats und Verversrui [I E5]. Zu den Ausgehvierteln gehört die Südstadt, das Quartier Het Zuid um das Museum der Schönen Künste ⑭. In den langen Sommernächten lockt auch Antwerpens Norden, wo sich die Menschen rund um die alten Docks treffen. Und auch im Osten der Stadt, im **multikulturellen Stadtteil Burgerhout** und dem anschließenden Zurenborg, treffen sich immer mehr Nachtschwärmer. Vor allem rund um den Dageraadplaats sind zuletzt viele neue Bars und Restaurants entstanden, die vor allem junge Leute locken.

Vielfältig ist die **belgische Musikszene.** In Gent und Antwerpen treten fast täglich Livebands auf. In Brügge muss man schon länger suchen oder sich einen Tipp geben lassen. Seit die Stadt nämlich unter dem Schutz des Weltkulturerbes steht, haben die Stadtväter dem ungezügelten Feiern den Kampf angesagt. Von Donnerstag bis Samstag ist der Alkoholgenuss auf den Straßen und Plätzen im Ausgeh-Revier verboten.

▷ *Jüngstes Museum Antwerpens: das Red Star Line Museum (s. S. 61)*

Theater und Konzerte

Kunst und Kultur wird in Flandern besonders groß geschrieben, das zeigt auch die Theaterlandschaft. So gibt es in Antwerpen mehr Theatergruppen als in Brüssel oder Rotterdam. Am lebendigsten aber scheint die Theaterszene in Gent, wo auf jedes klassische Theater ein paar Studentenbühnen kommen sollen.

Auf dem Spielplan stehen Opern und großes Schauspiel, aber auch Boulevard und Comedy. Ensembles wie die Vlaamse Opera und das Koninklijk Ballett van Vlaanderen bürgen für erstklassige Aufführungen.

Beachtenswert aber sind nicht nur die Inszenierungen. Nach der Renovierung der großen Opernbühnen bietet die Flämische Oper mit ihren Häusern in Gent und Antwerpen auch **sehenswerte Architektur**. Gents Opernhaus zeigt sich heute fast noch immer so wie zu Anfang des 19. Jh.: mit riesigen Kronleuchtern, Marmorsäulen und historischem Glanz. Wie bei seiner Eröffnung anno 1907 präsentiert sich das Opernhaus in Antwerpen als neobarockes Prachtstück, in dem seit damals nur Teppiche und Bestuhlung erneuert wurden.

In Gent lockt ein ehemaliger Krankensaal aus dem 13. Jh. heute als Musikzentrum De Bijloke Freunde alter Musik, aber auch Jazzkenner. Seine Eichenholzdecke gehört zu den schönsten Saaldächern Flanderns. Als modernes Gegenstück gilt in Brügge das neue Concertgebouw, dessen offene und moderne Architektur den Zeitgeist unseres Jahrhunderts verkörpert.

Flanderns Städte für Kunst- und Museumsfreunde

Alte und neue Kunst von Weltrang sowie stadthistorische Prunkstücke, wirkungsvoll präsentiert in Museen, die in den letzten Jahren gründlich renoviert oder ganz neu errichtet wurden – dieses Angebot führt Jahr für Jahr mehr Kulturfreunde nach Flandern. Zehntausende von Gemälden, Installationen aller Art, Skulpturen, Plastiken, Möbel und Textilien geben dort einen fast lückenlosen Überblick über die europäische Kunst vom Mittelalter bis zur Gegenwart.

Flanderns Städte für Kunst- und Museumsfreunde

Seit mehr als einer Dekade arbeiten die drei wichtigsten Einrichtungen – das Museum für Schöne Künste Gent ❹, das Brügger Groeninge Museum ❷ und das Königliche Museum für Schöne Künste Antwerpen ❶ – unter der Dachmarke **Vlaamse Kunstcollectie** zusammen. Ausstellungen werden gemeinsam geplant, Ankäufe gemeinsam realisiert und die Konservierung und Restaurierung alter Gemälde in Spezialwerkstätten konzentriert.

Mehr als 6000 Gemälde, 40.000 Zeichnungen und 2000 Skulpturen dokumentieren allein in der Vlaamse Kunstcollectie den **künstlerischen Reichtum Belgiens**. Dafür gibt es viele Gründe, war Flandern doch über Jahrhunderte einer der wichtigsten Kulturstandorte Europas. Künstler wie van Eyck und später auch Rubens fertigten fast wie am Fließband für eine Elite, die sich Kunst leisten konnte, vor allem für Klerus und Adel, die mit den Meisterwerken Kirchen und Paläste schmückten. Und schließlich war es auch das neu entstandene Bürgertum, das mit dem Sammeln von Kunst sein Standesbewusstsein zu dokumentieren suchte und Erfolg sowie Wohlstand selbstbewusst auch nach außen sichtbar machen wollte.

Auf diese Weise entstanden im Laufe der Jahre **zahlreiche private und öffentliche Sammlungen**, die den Grundstock für die flämischen Museen lieferten. Im 19. und 20. Jh. kamen große Schenkungen hinzu, außerdem wurden auf Kunstmessen und Salons bedeutende Werke zugekauft – vor allem Landschaften, Interieurs und Stillleben, wie sie für die flämische Malerei typisch sind. So liegen die **Sammlungsschwerpunkte** in Brügge auf dem 15. und 16. Jahrhundert, in Antwerpen auf dem späten 16. und 17. Jahrhundert, in Gent auf dem 19. Jahrhundert. In Gent setzt man mit dem Museum für Zeitgenössische Kunst (S.M.A.K.) ❷ zudem einen Schwerpunkt auf die aktuelle Entwicklung der **Gegenwartskunst**.

EXTRATIPP

Museumsrabatte

In **Gent** erlaubt die **CityCard** den Zugang zu allen großen Museen und Sehenswürdigkeiten – u. a. zur Burg Gravensteen, der St.-Bavo-Kathedrale, den beiden Museen S.M.A.K und Museum für Schöne Künste, der St.-Peters-Abtei, dem neuen Stadtmuseum STAM und dem Belfried. Sie kostet 25 € (2 Tage) oder 30 € (3 Tage).

In Brügge erlaubt ein drei Tage gültiges **Kombiticket**, der *Museumpas*, den Besuch aller städtischen Kultureinrichtungen (Preis: 20 € für Erwachsene, 15 € für die Jugend). Eine Alternative ist die Brugge City Card, die für 26 Museen gültig ist und die kostenlose Nutzung öffentlicher Verkehrsmittel in der Stadt beinhaltet. Sie kostet 38 € (48 Std.) oder 43 € (72 Std.).

In Antwerpen ermöglicht die *Antwerp City Card* den kostenlosen Besuch fast aller Museen. Sie kostet 28 € und ist 48 Stunden gültig.

Eine weitere Sparoption bietet das sogenannte **Ein-Euro-Ticket**, das Kindern und Jugendlichen bis 26 Jahren in viele Museen der flandrischen Städte für 1 Euro Eintritt gewährt (www.1euromuseum.be). Für 1 Euro ist donnerstagabends ab 18 Uhr auch das Museum für Zeitgenössische Kunst in Antwerpen (s. S. 61) zugänglich.

Am Puls der Region

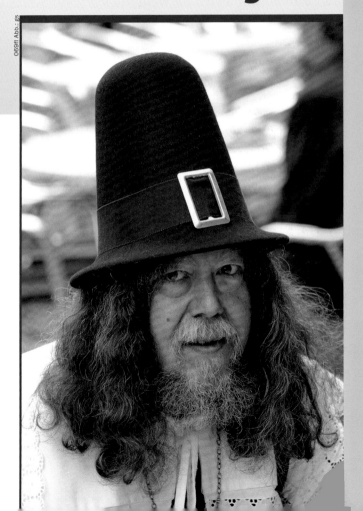

Flandern, heute eine Region aus den fünf Provinzen Limburg, Antwerpen, Flämisch-Brabant, Ostflandern und Westflandern, ist Belgiens Kernzelle. Mehr als sechs Millionen Menschen leben hier, die Mehrzahl Katholiken. Ein Volk mit reicher Geschichte – selbstbewusst und immer auch nach Unabhängigkeit strebend. Nicht nur der niederländischen Sprache wegen, die Flandern von der französischsprachigen Wallonie trennt. 2000 Jahre Geschichte prägen das Land, Jahrhunderte, in denen die Flamen mit immer neuen Herrschern zurechtkommen mussten. Gute und schlechte Zeiten waren das, die der Region Reichtum und Beachtung, aber auch Kriege und Armut brachten.

Von den Anfängen bis zur Gegenwart

Flanderns Anfänge **wurzeln in römischer Zeit.** „Provincia Gallia Belgica" nannten die Römer die einst von Julius Caesar unterworfene Provinz. Sieben Jahre hatten dessen Truppen gebraucht, um die dort lebenden Kelten niederzuringen. Caesars Nachfolger urbanisierten das Land, bauten Straßen und Häuser. Nach dem Zerfall des Römerreiches kamen die Franken – und mit ihnen irische und schottische Missionare, welche die Menschen nach und nach christianisierten.

Im frühen Mittelalter tauchte schließlich der Name „Flandern" erstmals auf, die Region um Brügge nannte sich „Pagus Flandrensis", Flanderngau. Balduin hieß einer der ersten Grafen dieses Landstrichs. Er machte als „Eisenarm" von sich reden und residierte in Brügge. Als eigentlicher Begründer des Territorialstaates Flandern aber gilt sein Nachfolger **Balduin II.** (879–918), der von der Auflösung des Frankenreichs profitierte, das die Normannen zerschlagen hatten. Seine Söhne erweiterten das flandrische Territorium in südlicher und östlicher Richtung, ehe die Franzosen allen weiteren Expansionsbestrebungen schließlich ein Ende bereiteten.

Unter den flandrischen Grafen wurde die von riesigen Sümpfen durchzogene Region, die immer wieder Stürme und Überschwemmungen heimsuchten, langsam trockengelegt, Städte wie Brügge eingedeicht. Schon um 1300 konnten so 90 % der einst von der Schelde überfluteten Landstriche wirtschaftlich genutzt werden. In der Folge stiegen Brügge und Gent zu Weltmetropolen auf, zu **Dreh- und Angelpunkten mittelalterlichen Handels.**

Hinzu kam eine **florierende Textilindustrie,** die ganz Europa mit Tuchen versorgte. Der neue Reichtum spiegelte sich in großen Kirchen und gigantischen Türmen, die als Belfriede heute unter dem Schutz des Weltkulturerbes stehen. Mit dem Wohlstand wuchs jedoch auch das Selbstbewusstsein der Menschen, die sich vom Adel nicht länger alles vorschreiben lassen wollten. Immer wieder kam es so zu **Aufständen,** zu Auseinandersetzungen zwischen Regierten und Regenten.

◁ *Vorseite: Marktbeschicker in Rubens-Ausstattung*

Als 1384 der letzte flandrische Graf ohne Nachfolger starb, fiel Flandern, das etwa seit dem 11. Jahrhundert zum Territorium der sogenannten „Niederen Lande" zählte, an Burgund. Philipp der Kühne wurde neuer Herrscher der Region, **unter dem Burgunder und seinen Nachfolgern** blühten Musik und Malerei, Architektur und Literatur Flanderns auf. Diese **kulturelle Hochphase** spiegelte sich zum Beispiel in der Produktion kunstvoller „Stundenbücher", die in großer Auflage in Brügge und Gent entstanden und bis heute stumme Zeugen einer der künstlerisch wertvollsten flämischen Epochen sind.

Durch die Heirat Marias von Burgund mit Maximilian von Österreich anno 1477 rückten die **Habsburger** als neue Landesherren nach. 1519 wurde Karl V., der in Gent zur Welt kam, schließlich Kaiser des Heiligen Römischen Reiches. Mitten in seine Regierungszeit aber fielen **Luthers neue Lehren,** die in den bis dahin katholischen Niederlanden auf fruchtbaren Boden fielen – etwa bei den Augustinern in Antwerpen, von denen zwei 1523 in Brüssel hingerichtet wurden, weil sie den neuen Glauben propagierten. Inquisitionsgerichte sollten seine Ausbreitung stoppen, doch in Gent und Antwerpen fand die neue Religion immer mehr Resonanz. Vor allem Calvinisten schürten den Glaubenskampf, ermordeten katholische Priester und plünderten Kirchen. Diese Epoche ging als **reformatorischer Bildersturm** in die Geschichte ein.

Auf dem Höhepunkt der Auseinandersetzungen schickte Karls Sohn, Philipp II. von Spanien, 1567 schließlich den **berühmt-berüchtigten Herzog Alba** in die Niederlande, um den Aufruhr niederzuschlagen. Die Calvinisten aber wehrten sich und schlossen sich in ihren nördlichen Provinzen zu einem Schutzbündnis gegen die katholischen Spanier zusammen. Jahrzehnte dauerte der **Glaubenskampf** an, Zehntausende verloren ihr Leben. Hunderttausende flohen aus dem Süden Richtung Norden, was zur Folge hatte, dass aus dem Fischerdorf Amsterdam in kurzer Zeit eine Weltstadt wurde, die Antwerpen den Rang ablief.

1585 musste sich das inzwischen calvinistische Antwerpen nach langer Belagerung dem Herzog von Parma, damals Befehlshaber der spanischen Truppen, ergeben. 1604 fiel mit Ostende die letzte aufständische Bastion an die Spanier zurück. Damit war das Schicksal der Region besiegelt. Es folgte die **Aufteilung des Landes** in die nördlichen Niederlande, die noch heute unter diesem Namen existieren, und die später habsburgisch regierten südlichen Niederlande, die heute weitgehend mit Belgien identisch sind.

Zwar wurden die Niederlande, Belgien und Holland zwischendurch politisch wieder vereint, zu groß aber waren inzwischen die Differenzen zwischen Nord und Süd, die Unterschiede in Sprache und Wirtschaft. Schließlich kam es 1830 in Brüssel zur **belgischen Revolution.** Am Ende stand das neue Königreich Belgien, für dessen nördlichen, den niederländischsprachigen Teil, sich rasch der Name Flandern einbürgerte.

Heute ist Flandern nicht nur der **wirtschaftliche Motor Belgiens.** So geht es den Menschen hier deutlich besser als den Wallonen im Süden. Viele Milliarden Euro an Transferzahlungen bedeutet das für die Flamen. Dieses Ungleichgewicht ist immer wieder Anlass für politische Auseinandersetzungen. Die **kulturellen und sozialen Verwerfungen zwischen den niederländischsprachigen Flamen und den französischsprachigen Wallonen** sind auch zu Beginn des 21. Jahrhunderts ein Dauerthema. Hier liegt auch eine der Ursachen für die Blockade der letzten Regierungsbildung in Belgien, in der sich die Lager mehr als ein Jahr nicht einigen konnten. Mit großem diplomatischen Geschick und politischen Zugeständnissen aber haben die Belgier bislang ein Auseinanderbrechen ihres Landes immer wieder verhindert – ob das so bleibt?

Die Flamen – selbstbewusst und sinnesfroh

Die Flamen – Belgier von Nationalität, im Herzen halb Germanen, halb Franken – sind ein **eigenständiges Völkchen.** Von Spaniern und Franzosen, die hier lange regierten, übernahmen sie alles, was das Leben schöner und leichter macht – vor allem gutes Essen und Trinken. „Vlaming" nennen sie sich selbst, ein Ausdruck, der auf den historischen Roman „Der Löwe von Flandern" zurückgehen soll. Das zum Jahresende 1838 erschienene Buch erzählt vom Aufstand der Flamen gegen die Franzosen im 13. Jh. Dieser Schlüsselroman steht am Anfang jenes Selbstbewusstseins, das die Flamen heute auszeichnet.

„Ach", urteilte der Journalist Siggi Weidemann über das Volk, „mit den Flamen ist es ja so: Entweder man ist ihr bester Freund oder man existiert nicht. Es macht ihnen viel Spaß, Fremden eine Karikatur ihres Landes vorzugaukeln. Ein Volk von Schau-

spielern und Gauklern, die gerne aus allem ihren Vorteil holen wollen. Sie sagen Ja und meinen Nein, und sie pflegen ihre sozialen Rituale." Was noch? „Sie sind nicht so chauvinistisch wie Franzosen, nicht so besserwisserisch wie Deutsche, nicht so selbstgefällig wie Holländer – alles ihre Nachbarn –, und sind dem Leben zugeneigt."

Eine **besondere Beziehung** pflegen die Flamen **zu den Niederländern,** mit denen sie einst zusammenlebten, dann gegeneinander einen Glaubenskrieg führten und sich schließlich trennten. Zwar sind sie sich heute längst nicht mehr spinnefeind, aber doch – vornehm formuliert – **von unterschiedlicher Mentalität.** Zwei Witze werden immer wieder gern erzählt, um das Verhältnis zwischen beiden Landsmannschaften zu charakterisieren. „Weißt Du, wie Flamen eine Champagnerfabrik einweihen? Sie lassen ein Schiff dagegen fahren!" Umgekehrt fragen sich die Flamen, warum man den calvinistischen Nachbarn keine Witze erzählen soll. „Weil sie sonst sonntags in der Kirche lachen müssten."

Flame aber ist nicht gleich Flame. So wie Düsseldorf sich mit Köln frotzelt, nehmen sich auch die großen flämischen Metropolen gern gegenseitig auf die Schippe. Gent und Brügge sind sich nicht nur sprachlich wegen eigener Dialekte fremd, noch größer ist die Kluft zwischen Brügge und Antwerpen. **Jede Stadt hat ihren eigenen Stolz,** meint besser zu sein als die andere.

So heißen die Bürger Brügges im Volksmund *Bruggelingen. Sinjoren* nennen sie sich in Antwerpen. Mit letzterem Ausdruck sind keine alten Leute gemeint, sondern ein junges Völkchen, das mit seinen *Sinjo-*

ren auf die Zeit spanischer Herrschaft anspielt, als die *Señores* den Ton angaben. Allerdings dürfen sich nur die *Sinjoren* nennen, die selbst und ihre Eltern sowie Großeltern im Stadtkern, dem mittelalterlichen Antwerpen, geboren wurden.

Noch selbstbewusster geben sich die *Gentearen,* die Einwohner Gents, die neben ihrem eigenen Dialekt auch noch stolz darauf sind, an manchen Festtagen mit einem Strick um den Hals herumzulaufen. *Stroppendrager* oder *Stropkes* nennt man sie deshalb. Der Strang erinnert an ein finsteres Kapitel Genter Stadtgeschichte: Mitte des 16. Jh. hatten sich die Genter gegen Kaiser Karl V. erhoben, der ihnen – aus Trotz, dass sie ihm die Kriegssteuern verweigerten – zahlreiche Privilegien genommen hatte. Im Mai 1540 mussten die aufmüpfigen Rädelsführer deshalb barfuß und mit einem Strick um den Hals den Kaiser um Vergebung für ihren Aufstand bitten. Seitdem ist der Strick zum **Zeichen bürgerlicher Selbstständigkeit** geworden. Man kann heutzutage schwarz-weiße Stränge sogar als Souvenir kaufen.

So uneins die Flamen aber untereinander sind, so fest halten sie nach außen zusammen, schließlich mussten sie sich ihr Selbstbewusstsein hart erkämpfen. So ist ihre **gemeinsame Sprache**, das „Nederdytsch", erst seit 1932 in Belgien offiziell anerkannt. Bis dahin galt das Flämische als Sprache der Bauern und Proleten, der Staat versuchte das Französische auch in den Nordprovinzen als offizielle Sprache einzuführen.

062\|H Abb.: gs

Leben am Wasser

Im Lauf der Jahrhunderte trotzten die Flamen dem Meer ein Großteil ihres Landes ab. Wo heute Brügge, Gent und Antwerpen liegen, fanden sich zu Beginn unserer Zeitrechnung **meist große Feuchtgebiete**. Mit der Zeit aber legten die ersten Siedler diese langsam trocken und schufen sich so ihren neuen Lebensraum. Über die Schelde hatte Antwerpen schon immer einen Zugang zur großen, weiten Welt. Eine **schreckliche Sturmflut** bescherte Mitte des 12. Jh. Brügge schließlich eine schiffbare Fahrrinne ins benachbarte Damme, die man durch Kanalbauten bis in die Stadt verlängerte. Damit hatte auch Brügge einen direkten Zugang zum Meer, sodass die Stadt schnell zu einer der wichtigsten Handelsmetropolen der Welt heranwuchs, zur Endstation einer hansischen Haupthandelslinie, die vom russischen Novgorod über das gotländische Visby, Bremen und London bis nach Brügge reichte.

Gent schließlich wurde durch einen Kanal direkt an das Meer angeschlossen, sodass alle drei Städte sich schnell **zu Hafen- und Handelsmetro-**

▲ Das Leben am Wasser spiegelt sich auch in vielen flämischen Festen, bei denen die Historie zum Leben erwacht

polen entwickelten, deren Bild Kaufleute und Matrosen ebenso prägten wie Hunderte von Tagelöhnern, die die Waren Tag für Tag ein- oder ausluden. Die feinsten Häuser standen rechts und links der Kanäle, prächtige Bauten, wie man sie noch heute in Gent oder Brügge bewundern kann.

Mit dem **Niedergang des Tuchhandels,** Gents und Brügges wichtigstem Exportgeschäft, verloren auch die Häfen an Bedeutung. In Antwerpen war es **die Sperrung der Schelde,** die 1648 im Westfälischen Frieden verfügt wurde, und die Stadt buchstäblich von der Welt abschnitt. Das änderte sich erst mit den Franzosen, die nach der Besetzung der Stadt als Erstes die alten Kais wieder öffnen ließen und so den Handel neu belebten. Den Puls der Stadt aber beschleunigte das nur wenig.

Inzwischen nämlich hatten die Menschen auch die andere Seite eines Lebens am Wasser kennengelernt: **Seuchen und Krankheiten,** die über das Wasser übertragen wurden, **große Sturmfluten und Überschwemmungen,** die ebenfalls Tod und Verderben brachten. Mancher Kanal wurde deshalb zugeschüttet, andere überbaut. Die Städte verloren ihren Hafencharakter.

Inzwischen aber hat sich der Wind gedreht. Die flandrischen Metropolen **entdecken ihre alte maritime Geschichte neu.** Rechts und links der alten Flüsse und Kanäle pulsiert heute wieder das Leben. In Brügge, dem „Venedig des Nordens", gehört die Rundfahrt auf der Reie zur wichtigsten Touristenattraktion (s. S. 73), rechts und links der alten Kanäle öffnen ständig neue Restaurants oder Hotels. Das gilt auch für Gent, wo die Gegend um Gras- und Korenlei **㉟,** das Kerngebiet mittelalterlichen Han-

dels, heute eines der wichtigsten Szeneviertel der Stadt ist. Und auch im Studentenquartier schart sich die Jugend im Sommer gern entlang der alten Kanäle. Kein Wunder, dass die Stadt plant, weitere Kanäle wieder zu öffnen und alte Hafenanlagen neu zu beleben.

Besonders deutlich zeigt sich auch in Antwerpen die **neue Hinwendung zum Wasser.** Seit Millionen in den Hochwasserschutz investiert wurden und neue Überlaufpolder am Unterlauf der Schelde die Überschwemmungsgefahr weiter reduzierten, ist das Leben am Fluss Mode geworden. Auch die alten Hafenanlagen, die nach dem Bau des neuen Überseehafens ganz im Norden der Stadt überflüssig wurden, entdeckte man in den letzten Jahren neu. Stararchitekten aus aller Welt drückten Antwerpen mit **modernen Bauten an der Wasserfront** ihren Stempel auf – als sichtbarer Kontrast zu den alten Handelshäusern und Kirchen im Stadtinneren. Lebendiger Beweis ist das **Museum aan de Stroom (MAS) ⓯,** ein architektonischer Prachtbau, dessen Außenwände indischer Sandstein ziert.

Und auch Wohnen, Arbeiten und Leben am Wasser wird immer beliebter. So entstanden im Süden und Norden Antwerpens Tausende neuer Wohnungen, Szeneviertel wie Het Zuid ⓭ oder 't Eilandje ⓯ mit schicken Kneipen und gestylten Restaurants, Galerien und Boutiquen. Viele der alten Speicherhallen und Fabriken rund um die Docks, die jahrelang leerstanden, werden heute von Künstlern und modernen Dienstleistern genutzt – oder wie das neue Red Star Line Museum in Antwerpen (s. S. 61) als Ausstellungshalle.

Antwerpen

002fl Abb.: gs

Antwerpen entdecken

Antwerpen ist eine Völkermühle, gleichwohl eine Metropole mit eigener Identität in einer der am dichtesten besiedelten Regionen Belgiens. Rund eine halbe Million Menschen aus mehr als 160 Nationen leben hier. Europas größte jüdische Gemeinde ist im Norden Belgiens zu Hause, muslimische Milizen, aber auch die Partei Vlaams Belang, Flanderns größter rechtsextremer Politblock. In einer Kulisse aus Mittelalter, Barock und Neuzeit verschmelzen in Antwerpen Zukunft und Vergangenheit. Peter Paul Rubens ist eines der Aushängeschilder, aber auch die „Antwerp Six", die zu den bedeutendsten Modedesignern der Welt gehören. Und natürlich ist Antwerpen mit seinen Diamantenbörsen und einem der größten Häfen der Welt eine der wichtigsten Wirtschafts- und Handelsmetropolen Europas.

KURZ & KNAPP Die Stadt in Zahlen
> **Gegründet:** 726 n. Chr.
> **Einwohner:** 512.000
> **Bevölkerungsdichte:** 2505 je km²
> **Fläche:** 204,51 km²
> **Höhe ü. M.:** 12 m
> **Stadtbezirke:** 9 Distrikte

Geschichte

Das alte „Aanwerp" wurzelt in einer gallo-romanischen Siedlung aus dem zweiten Jahrhundert – etwa da, wo die Burg Steen ❿ ihren Platz hat. Legende allerdings ist die rührselige Story um den tapferen römischen Soldaten Silvius Brabo (s. S. 45), der einem Riesen einst die Hand abgeschlagen haben soll und im Volksglauben deshalb als heimlicher Stadtgründer gilt. Historisch kommt diese Rolle eher Amandus zu, einem christlichen Missionar, der im 8. Jahrhundert das „Infra Castrum Antwerpis" gründete.

◁ *Vorseite: Drehorgelspieler vor der Kathedrale ❶ in Antwerpen*

Unter wechselnder Herrschaft reifte der Stützpunkt langsam zur Handels- und Hafenstadt. Mit dem Stapelrecht für Wolle und Gewürze lief Antwerpen schließlich Brügge den Rang ab. Schon Mitte des 16. Jh. zählte man fast 100.000 Einwohner, täglich machten Hunderte von Schiffen in der Stadt Halt – allein Antwerpen hatte 4500 eigene Schiffe im Einsatz. Bis zu 2000 Frachtwagen aus Deutschland, Frankreich und Lothringen fuhren täglich auf das Hafengelände, wo in über 1000 Handelshäusern die Waren umgeschlagen wurden. **Prächtige Zunfthäuser und große Kirchen** spiegelten den Wohlstand wider. „Die Welt ist ein Ring", sagte ein Sprichwort damals, „und Antwerpen der Diamant darin."

Der **Glaubenskampf zwischen Katholiken und Protestanten** aber, als Bildersturm in die Geschichte eingegangen, geriet in Antwerpen zur blutigen Schlacht. In nur 30 Jahren halbierte sich die Einwohnerzahl. Zehntausende von Protestanten flohen in die nördlichen Niederlande, wo sie in Rotterdam, mehr noch aber in Amsterdam, eine neue Heimat fanden.

Ein weiterer Schicksalsschlag war die **Sperrung der Schelde**, die 1648 im Westfälischen Frieden verfügt wurde und Antwerpen praktisch von der Welt abschnitt. Das änderte sich erst mit den Franzosen, die nach der Besetzung der Stadt als Erstes die alauch die alten Hafenanlagen wurden in den letzten Jahren neu entdeckt. Stararchitekten aus aller Welt drückten Antwerpen mit modernen Bauten an der Wasserfront ihren Stempel auf. So entstanden im Süden und Norden Tausende neuer Wohnungen, Szeneviertel wie Het Zuid oder 't Eilandje mit schicken Kneipen und gestylten Restaurants, Galerien und Boutiquen – vor allem aber mit einmaligen Museen wie dem architektonisch gelungenen Museum aan de Stroom ⓯ und dem neuen Red Star Line Museum (s. S. 61).

Erlebenswertes im Zentrum

Antwerpen lernt man am besten zu Fuß kennen, denn trotz seiner Größe ballen sich die Sehenswürdigkeiten auf engem Raum. So ist es nur eine gute Stunde von den alten Docks im Norden, dem Szeneviertel Eilandje, ins Museumsquartier im Süden. Noch kürzer ist der Weg vom neu gestylten Zentralbahnhof im Osten zur Schelde, die im Westen an die Stadt grenzt. Mit der Orientierung hat man im Normalfall keine Probleme, bildet die Liebfrauenkathedrale mit ihrem 123 m hohen Turm doch das unübersehbare Herzstück des Zentrums.

ten Kais wieder öffnen ließen und so den Handel neu belebten. Vor allem Belgiens Kolonien in Afrika brachten neuen Wohlstand. Zwei Weltausstellungen unterstrichen den globalen Anspruch der Stadt.

Tausende versprachen sich damals in Antwerpen bessere Jobs, auch fast zehntausend Deutsche, die Anfang des 20. Jh. in mehr als einem Dutzend deutscher Vereine in Antwerpen organisiert waren. „In allen besseren Gasthöfen, Wirtschaften usw. spricht man auch deutsch", schrieb 1914 ein Reiseführer. Im Oktober gleichen Jahres besetzten die Deutschen aus strategischen Gründen die Stadt – und auch im Zweiten Weltkrieg stand Antwerpen zeitweise unter deutscher Zwangsherrschaft.

Nach dem Krieg profitierte die Stadt vom neuen **Überseehafen**. Aber

Stadtspaziergang

Wer Antwerpen zu Fuß erleben will, startet am besten am **Groenplaats** ⑥ im Schatten der mächtigen Liebfrauen-Kathedrale, wo viele Busse und Straßenbahnen Halt machen. Mitten auf dem weiten Platz thront Antwerpens größter Sohn, der Maler Peter Paul Rubens, als Denkmal.

Nach der Stippvisite in der Kathedrale ⑦, vor deren Hauptportal der stimmungsvolle **Handschoenmarkt** ⑧ mit seinen Terrassenca-

▱ *Lampensockel vor dem Antwerpener Hauptbahnhof*

Routenverlauf im Stadtplan
Der hier beschriebene Spaziergang ist mit einer farbigen Linie im Stadtplan eingezeichnet.

fés und Kneipen einlädt, bietet nur ein paar Schritte weiter der **Grote Markt ❾** viel Platz zum Staunen. Hier locken einige der schönsten Renaissance- und Barockfassaden Belgiens - und das Touristenbüro (s. S. 119) mit vielen nützlichen Angeboten. Nur wenige Minuten weiter steht man am Schelde-Ufer mit der **Steen, der alten Stadt-Burg ❿**.

Nach dem Blick auf das alte Antwerpen ist es jetzt Zeit, die Moderne zu entdecken. Im **Museeum aan de Stroom ⓯**, einem der großen neuen Museen Belgiens, hat sie Gestalt gefunden. Von dem Dach des Museums bietet sich zudem ein einmaliger Blick auf die Stadt sowie die ehemaligen Hafenanlagen. Wenig weiter erinnert das neue Museum Red Star Line (s. S. 61) an die zahlreichen Menschen, die von Antwerpen einst in die neue Welt auswanderten.

Der Weg zurück in die Innenstadt führt mit der Schippers- und Oudemansstraat mitten durch das **Rotlichtviertel** der Stadt. Wer angesichts der spärlich bekleideten Damen hinter großen Glasfenstern moralische Bedenken hat, sollte gleich weiter Richtung Süden laufen. Aber so wie die Reeperbahn zu Hamburg, so gehört auch dieses Viertel am alten Hafen zum authentischen Antwerpen.

Gleich hinter der Paulskirche [I E6] taucht man in der engen Stoelstraat in das **Antwerpen der Rubens-Ära** ein. Durch geschäftige Fußgängerzonen mit kleinen Läden gelangt man in die Schuttershofstraße [I F7] mit

ihren meist teuren Boutiquen. Wenige Schritte weiter erreicht man das ehemalige Wohnhaus **Peter Paul Rubens,** in dem ihm ein eigenes Museum ❺ gewidmet wurde.

Danach kommen **Einkaufsbummler** beim Gang durch Meir und Keyserlei ❹ auf ihre Kosten. Die belebten Einkaufsstraßen führen zu **einem der schönsten Bahnhöfe der Welt.** Die Centraal Station ❶ ist ein bestens renovierter Prachtbau. Gleich daneben liegt der Antwerpener Zoo ❷, dessen Jugendstilgebäude faszinieren. Wenig weiter taucht man in die geheimnisvolle Welt der **Diamantenhändler ❸** ein, wo täglich Millionen Euro umgesetzt werden.

Jetzt lässt man sich einfach Richtung Süden ins sogenannte **Museums-Viertel Het Zuid ⓭** treiben, das vor allem im Sommer immer eine Stippvisite wert ist. Da der Weg vom Bahnhof dorthin touristisch so gut wie keine Höhepunkte bietet, kann man vom Bahnhofsplatz den **Bus Nr. 23** bis zum Königlichen Museum für Schöne Künste ⓮ nehmen, das bis 2017 leider nur von außen in Augenschein genommen werden kann.

Die gewonnene Zeit investiert man besser in **Streifzüge rund um den Waalsekaai** [I D8] oder macht eine Kaffeepause in einem der vielen **Straßencafés.** Hier nämlich ist Antwerpen ein bisschen wie Paris.

Über die Kloosterstraat [I D7/D8], deren **Antiquitätengeschäfte** meist erst nachmittags geöffnet sind, und die geschäftige Nationalestraat ⓫ mit ihren vielen **Modeboutiquen** und dem **Modemuseum**, geht es zurück zum Ausgangspunkt. **Bibliophilen** sei der Schlenker zum Museum Plantin-Moretus ⓬ empfohlen, wo einst einer der wichtigsten Druck- und Verlagsorte der Welt war.

02411 Abb.: gs

❶ Centraal Station ★★ [I H7]

Die Centraal Station gilt seit der Renovierung wieder als einer der schönsten Hauptbahnhöfe Europas.

Verschiedenfarbig sind die marmornen Wände, lichtdurchflutet die mächtigen Rundbogenfenster, einmalig die opulenten Stuckdecken, ausladend die breiten Treppen und Aufgänge unter der riesigen Kuppel. Der Bau ist ein **Gesamtkunstwerk**, das auch alle die besuchen sollten, die mit Bus oder Auto angereist sind.

Inzwischen wurde der über hundert Jahre alte Bahnhof um einige Ebenen erweitert, hier halten heute Belgiens schnellste Züge ebenso wie Regionalbahnen und die Metro. Die Centraal Station lädt sogar zum Einkaufsbummel, haben doch **viele kleine Geschäfte und Cafés** in dem neobarocken Bau Unterschlupf gefunden. Ganz neu gestaltet wurde auch der Bahnhofsvorplatz (Koningin Astridplein), um den sich mehrere Hotels reihen, von denen das supermoderne Radisson Blu Astrid Hotel (s. S. 130) sofort ins Auge fällt. Aquatopia (s. S. 121) ist eine sehenswerte Aquarienschau mit vielen Tausend Fischen und anderen Meeresbewoh-nern. Noch mehr Tiere haben im Zoologischen Garten Platz gefunden, der ebenfalls an den Bahnhofsvorplatz grenzt.

❷ Zoo Antwerpen ★★ [I I7]

Antwerpens Zoo zählt zu den schönsten Europas. Das liegt vor allem an den historischen Gebäuden, von denen viele unter Denkmalschutz stehen. Aus der Gründerzeit stammen viele Volieren und überall blitzt der **Jugendstil** ein bisschen auf, zeugen Säulen und Wände vom Glanz der Vergangenheit.

Aber auch die Fauna, darunter seltene Arten wie Okapis, Kongopfauen und Zwergschimpansen, kann sich sehen lassen. Im Serpentarium tummeln sich giftige Kriechtiere, Elefanten in nostalgischen Stallungen. Kinder kommen hier auf ihre Kosten!

❯ **Zoo Antwerpen**, Koningin Astridplein 26, Tel. 03 2024540, www.zooantwerpen. be, tgl. 10–16.45 (Kernzeit), im Hochsommer bis 19 Uhr, Eintritt: 22,50 € (bis 17 Jahre 17,50 €)

◹ *Vielleicht Europas schönster Bahnhof: die Centraal Station* ❶

Antwerpen entdecken

❸ Diamantenviertel ★ [I H8]

Gleich neben dem Hauptbahnhof ❶ liegt Antwerpens Diamantenviertel. Zwischen Quinten Matsijslei und Pelikaanstraat werden an einer der vier Diamantenbörsen täglich viele Millionen Euro umgesetzt. Schätzungsweise drei Viertel aller Rohdiamanten und jeder zweite geschliffene Diamant werden hier gehandelt, **Hochkaräter für viele Milliarden Euro jährlich.** Rund 20.000 Menschen leben in Antwerpen vom Geschäft mit den funkelnden Steinen, das gut fünf Prozent aller belgischen Exporte ausmacht.

Den Reichtum sieht man dem Viertel nicht an. Trostlos und grau sind die Betonbauten in der Schup- und Hovenierstraat, dem Herz des Quartiers. Vieles hier gleicht einem **Hochsicherheitstrakt.** Videokameras überwachen jede Bewegung. Wer hier lange stehen bleibt oder sich auffällig verhält, gerät schnell ins Visier der Ordnungshüter.

Innerhalb nur einer Quadratmeile bilden rund 1500 Firmen und Betriebe das **Rückgrat der Diamantenindustrie.** Offizielle Preislisten gibt es kaum, schließlich ist der Edelsteinkauf Verhandlungssache, viele Verkäufe werden noch immer **per Handschlag abgewickelt.** Dabei dreht sich alles um die vier „C" des Diamantenhandels: um Carat (Gewicht), Colour (Farbe), Clarity (Reinheit) und Cut (Schliff). Juweliere von Weltrang kaufen in Antwerpen ihre Diamanten. Aber auch private Käufer finden mehr und mehr den Weg in die flandrische Stadt, wo die echten Edelsteine meist preiswerter sind als anderswo in Europa.

Auch Ratsuchende kommen häufig nach Antwerpen. Ihre Anlaufstation ist das **HRD Antwerp Institute of Gemmology,** ein 1976 gegründetes Institut, das sich ganz der Qualitätssicherung verschrieben hat. Wer will, kann seine „Schätzchen" hier von Fachleuten nach Güte und Preis unter die Lupe nehmen lassen.

●17 [I H8] **HRD Antwerp,** Diamond Lab, Hovenierstraat 22, Tel. 03 2220611, www.hrd.be

Mitten im Diamantenviertel findet sich auch eine **Synagoge, Anlaufstelle für Europas größte jüdische Gemeinde.** Ihr gehören vor allem orthodoxe Juden an, die mit ihren pelzbesetzten Hüten und langen Bärten nicht zu übersehen sind – vor allem morgens und abends, wenn sie wie üblich zur Arbeit ins Diamantenviertel radeln. Auch in der „Beurs voor Diamanthandel", Antwerpens Börsensaal, der mehr einem Lesesaal als einem Milliardenumschlagplatz gleicht, fallen die jüdischen Händler gleich auf, auch wenn ihnen Russen und Australier immer mehr Konkurrenz machen, vor allem aber die Inder, die ihnen inzwischen den Rang abgelaufen haben.

Touristen haben Gelegenheit, beim Bummel durch das Diamantenviertel in die Welt der Edelsteine abzutauchen. Wissenswertes über die Diamantenherstellung erfährt man in Antwerpens größtem Diamanten-Showroom, dem **Diamondland** in der Appelmansstraat.

●18 [I H7] **Diamondland,** Appelmansstraat 33a, Tel. 03 2292990, www. diamondland.be, Mo.–Sa. 9.30–17.30 Uhr, Führungen auf Anfrage, auch auf Deutsch

▷ *Die Meir, Antwerpens meistbesuchte Einkaufsstraße*

❹ Einkaufsmeile De Keyserlei – Leysstraat – Meir ⭐⭐   [I G7]

Vom Hauptbahnhof Richtung Westen laufen die geschäftigsten Einkaufsachsen Antwerpens: De Keyserlei, Leysstraat und Meir. Breite, von vielen Geschäften und Restaurants gesäumte Straßen, die bis auf die erste reine Fußgängerzonen sind.

O25fl Abb.: gs

Juwelierläden, Straßencafés, Restaurants, ein Großkino und kleine Ladenpassagen prägen den **baumgesäumten Boulevard De Keyserlei**. Ursprünglich sollte er Straßen wie dem Kurfürstendamm in Berlin Konkurrenz machen, doch durch den Bau billiger Großkinos in den 1980er-Jahren und anderer Bausünden verlor De Keyserlei viel von seinem Charme.

Architektonisch gewichtiger wird die Route vom Hauptbahnhof Richtung Altstadt mit der **Leysstraat**, deren Eingang schon etwas vom Glanz goldener Wirtschaftszeiten vermittelt. Die stattlichen Häuser mit ihren **reich verzierten Giebeln und Kuppeln** sind Zeugnisse urbaner Identität, die Antwerpen bis heute prägt. Noch deutlicher wird das auf der **Meir**, der inzwischen meist besuchten Einkaufsstraße Belgiens. Wo heute eingekauft wird, befand sich einst ein Flüsschen, das längst zugeschüttet und überbaut worden ist. Kaum zu glauben, dass man auf der Meir früher noch mit dem Boot unterwegs sein konnte.

Heute bieten die vielfach renovierten Prachtbauten des Empire und späterer Jahre Europas großen Ladenketten Unterschlupf: Möbel- und Textilhäusern, Schuh- und Haushaltswarenläden, Fast-Food-Restaurants und Markengeschäften. Zu den schönsten Kaufhäusern gehört der **Stadsfeestzaal** (Städtischer Festsaal), Meir 74–80, der nach seiner Renovierung zum Aushängeschild belgischer Shoppingkultur geworden ist. Eine Stippvisite wert ist auch das 1903 fertiggestellte, einstige Kaufhaus Tietz gleich nebenan, vor allem aber das **Paleis op de Meir** (Meir 50), ein Adelspalast mit eindrucksvoller Rokokofassade. Das im 18. Jh. erbaute Haus, in dem Napoleon ebenso residierte wie belgische und niederländische Könige, zeigt sich nach der Renovierung in altem Glanz. Ein Café lädt zur Ruhepause, im Sommer bietet sich dafür der schöne Innenhof an. Und im Erdgeschoss des alten Palastes hat der Schoko-Künstler Dominique Persoone seine Zelte aufgeschlagen. Hier kann man seinen Chocolatiers bei der Arbeit über die Schulter schauen.

Gleich um die Ecke befindet sich der **Platz Wapper** mit seinen Cafés und Restaurants. Am Ende der Meir liegt der KBC-Tower, ein fast 100 m hoher Bau aus den frühen 1930er-Jahren und einer der ältesten Wolkenkratzer Europas.

❺ Rubenshaus (Rubenshuis) ★★★ [I F7]

Das Rubenshaus ist eines der interessantesten Museen Antwerpens – auf alle Fälle eines der bestbesuchten. Mit aller Sorgfalt hat man Wohn- und Werkstatt des großen Malers rekonstruiert.

Wo der Maler mit seiner Familie einst lebte und arbeitete, drängen sich heute Kunstliebhaber aus aller Welt. Sie besichtigen sein Kabinett, sein Atelier, Küche und Kammern, die mit Möbeln und Haushaltsgeräten aus Rubens' Zeit ausgestattet sind. Und besonders gern flaniert man durch den gepflegten Garten hinter dem Palast, der dem der Renaissancezeit nachgebildet wurde. Die meiste Aufmerksamkeit aber finden die **Malereien des Meisters:** frühe Werke wie „Adam und Eva", zahllose Porträts von Heiligen, aber auch Arbeiten seiner Schüler, Mitarbeiter und Freunde.

1577 wurde Peter Paul Rubens im westfälischen Siegen geboren. Als Zehnjähriger zog er mit seiner Mutter an die Schelde, wo er sich als Maler ausbilden ließ. Anno 1600 reiste er nach Italien, dort inspirierten ihn Künstler wie Tizian oder Veronese. Zurück in Antwerpen ernannte ihn das Regentenpaar Albrecht von Österreich und Isabella von Spanien zum Hofmaler, was ihm finanzielle Sorglosigkeit verschuf. Wenig später folgte die Heirat mit Isabella Brant. 1610 kaufte er das Palais am Wapper, einen **Renaissancepalast samt Lustgarten** und Pantheon im italienischen Palazzostil, der als Wohnhaus und Werkstatt diente.

Besonders gern arbeitete Rubens mit **Jan Brueghel d. Ä.** zusammen, den er in Rom kennengelernt hatte. Werke in Dessau, München und Potsdam zeugen noch heute von dieser Kooperation, bei der Rubens die Figuren und Brueghel die Landschaften ausgestaltete. Rubens aber war nicht nur Maler, sondern auch Diplomat, Buchillustrator, Architekt, Sammler und Lehrer, ein Mann also, der das öffentliche Leben in der Stadt entscheidend prägte.

1630 heiratete der Senior noch einmal, und zwar eine Sechszehnjährige, die – wie Rubens-Biografen vermuten – das eine oder andere Bild neu beseelte. Die Gicht des Meisters aber vermochte auch sie nicht zu stoppen. Schwer krank starb er anno 1640. **Sein Grab** findet sich heute in der nicht weit vom Rubenshaus liegenden **Sankt Jakobuskirche.** Rubens ehemalige Pfarrkirche beherbergt 23 reich verzierte Marmoraltäre, die der Meister selbst zum Teil mit ausgestattet hat.

❭ **Rubenshaus (Rubenshuis),** Wapper 9–11, Tel. 03 201155, www.rubenshuis.be, Di.–So. 10–17 Uhr (Tickets bis 16.30 Uhr), 8 €

19 [I G6] **Sankt Jakobuskirche,** Lange Nieuwstraat 73–75, Tel. 03 2250414, www.topa.be, bis mindestens Mitte 2014 wegen Renovierungsarbeiten geschlossen

❻ Groenplaats ★ [I E7]

Mit Straßenbahnhaltestelle, Taxiständen und Tiefgarage ist der Groenplaats das wichtigste **Tor zur Altstadt.** In seiner Mitte findet sich das eindrucksvolle **Rubensdenkmal** vor der Kulisse der Liebfrauenkathedrale ❼.

Dank **zahlreicher Cafés und Kneipen** lädt der Platz vor allem im Sommer zum Verweilen ein, im Winter lockt der Weihnachtsmarkt. Er eignet sich auch gut als Treffpunkt! Ganz in der Nähe findet sich das Grand Bazar Shopping Centre (s. S. 57).

❼ Liebfrauenkathedrale (Onze-Lieve-Vrouwe-kathedraal) ★★★ [I E6]

Zu den meistbesuchten Zielen Antwerpens gehört die Liebfrauenkathedrale, das größte Gotteshaus Belgiens und der Niederlande – ein gotisches Meisterwerk, mit dessen Bau 1352 begonnen wurde.

Fast zwei Jahrhunderte zogen sich die Bauarbeiten hin, an denen verschiedene Architekten beteiligt waren. Blickfang ist der 123 m hohe **nördliche Fassadenturm**, ein Himmelspfeiler, der bis heute mehr durch seine Höhe als durch architektonische Raffinesse beeindruckt. Heute gehört er zum Weltkulturerbe der UNESCO. „Der Turm", hieß es schon 1914 in einem Reiseführer, „zeichnet sich mehr durch Kühnheit und Eleganz als durch reinen Stil und wirkliche Schönheit aus." Inzwischen wurde die Kathedrale immer wieder renoviert oder umgebaut, sodass heute ein Großteil ihrer Architektur aus dem 19. Jahrhundert stammt – auch das **prächtige Tympanon** (Giebelfeld) mit der Darstellung des Jüngsten Gerichts am Haupteingang.

Ihre wahre Größe zeigt die Liebfrauenkathedrale erst in ihrem Inneren. Die **Maße beeindrucken:** 117 m lang, 55 m breit und 40 m hoch. Mehr als hundert Pfeiler tragen die mächtigen Gewölbe über den sieben Kirchenschiffen, die eigentlich noch größer ausfallen sollten, wäre den Bauherren nicht das Geld ausgegangen. Künstlerisch beachtenswert sind die Beichtstühle, eine Kanzel, mittelalterliche Glasfenster, die unter anderem Philipp den Schönen und Johanna die Wahnsinnige mit ihren Schutzheiligen zeigen, und eine **maasländische Alabaster-Madonna** aus dem 14. Jh., die in Antwerpen große Verehrung

026f Abb.: gs

genießt. Jährlich am 15. August, dem Fest Mariä Himmelfahrt, steht die Figur der Muttergottes im Mittelpunkt der Verehrung.

Die meisten Besucher aber kommen wegen der **berühmten Bilder von Peter Paul Rubens.** Zwei seiner Hauptwerke finden sich hier: „Die Kreuzaufrichtung" und „Die Kreuzabnahme". Beide Gemälde entstanden nach der Rückkehr des Malers aus Italien und hängen heute im südlichen bzw. nördlichen Querhaus. Kunsthistorisch weniger gewichtig sind zwei weitere Rubens-Gemälde: „Mariä Himmelfahrt", das große Altarbild der Kathedrale, und „Die Auferstehung Christi" in einer der rechten Chorkapellen. Angesichts der Ru-

▷ *Das Rubensdenkmal auf dem Groenplaats mit der Liebfrauenkathedrale im Hintergrund*

Antwerpen entdecken

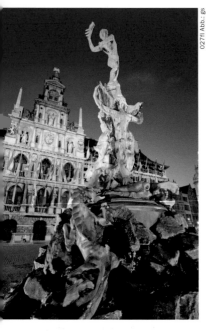

027fl Abb.: gs

❽ Handschoenmarkt ★ [I E6]

Am besten präsentiert sich die Kathedrale vom Handschoenmarkt aus, der seinen Namen den Händlern verdankt, die hier einst Handschuhe verkauften. Heute treffen sich in den **Cafés und Kneipen am Platz**, die ihre Stühle im Sommer nach draußen stellen, Menschen aus aller Welt.

Beachtung sollte man dem **Brunnen** auf dem Platz schenken, den die Einheimischen „**Put**" nennen. Seine Abdeckung, eine besonders fein ausgearbeitete Schmiedearbeit, die eine Figur Brabos krönt, fertigte kein geringerer als Quentin Massys, einer der populären flämischen Maler. Massys' Grabplatte findet sich gleich neben dem Haupteingang am Turmpfeiler der Kathedrale. Wie die Legende wissen will, hat der gelernte Schmied Massys schließlich sein Handwerk auf Betreiben des Schwiegervaters zugunsten der Malerei aufgegeben.

bens-Bilder aber sollte man nicht den Blick für das **gewaltige Kuppelfresko „Mariä Himmelfahrt"** verlieren, einem der Meisterwerke des Malers Cornelis Schut. Für die nächsten Jahre haben in der Kathedrale auch zahlreiche Gemälde aus dem sich zurzeit in Renovierung befindenden Königlichen Museum der schönen Künste Platz gefunden, was den relativ hohen Eintrittspreis erklärt.

❯ Groenplaats 21, Tel. 03 2139951, www. dekathedraal.be, Mo.–Fr. 10–17 Uhr, Sa. 10–15 Uhr, So. 13–16 Uhr, Führungen Mo.–Sa. 11 und 14.15 Uhr, So. 14.15 (15. Juli–31. Aug. auch um 13 und 15 Uhr), im Sommer auch in deutscher Sprache, Eintritt 5 €

◁ *Rathaus und Brabo-Brunnen am Grote Markt* ❾

❾ Grote Markt ★★★ [I E6]

Der Grote (Große) Markt ist das Herz Antwerpens und einer der schönsten Plätze Belgiens, gesäumt von prachtvollen Zunfthäusern mit Renaissance- oder Barockfassaden.

Ihren Anblick sollte man sich auch dann nicht verderben lassen, wenn man weiß, dass die meisten Häuser gar nicht so alt sind, wie sie aussehen. Viele nämlich wurden erst um 1900 als Gaststätten erbaut und architektonischen Vorbildern aus dem 16. und 17. Jh. nachempfunden.

Unbestrittenes Prunkstück des dreieckigen Platzes, der erst im 16. Jh. zum „Großen Markt" befördert wurde, ist das **spätgotische Rathaus.** (Dieses Meisterwerk soll zum Teil auch dem alten Kölner Rathaus Pate gestanden haben.) Seine Fassade gehört zum Schönsten, was Antwerpen zu bieten hat, eine Front, die im Sonnenlicht ebenso glänzt wie im nächtlichen Lampenschein. Hoch oben finden sich in zwei Giebeln als allegorische Figuren Gerechtigkeit und Weisheit, darüber thront Maria, die Stadtpatronin. Ganz oben sitzt ein Adler mit Blick in Richtung Aachen, dem ersten Sitz des Heiligen Römischen Reiches, zu dem auch die Markgrafschaft Antwerpen einst gehörte. Seit 1887 ist der **Brabo-Brunnen** ein weiterer Blickfang auf dem Grote Markt (siehe Exkurs unten).

⑩ Schelde-Ufer: Steen und Sankt-Anna-Tunnel ⋆ [I D6]

Nur ein paar Schritte sind es vom Grote Markt zur Schelde, an der eine viel befahrene Uferstraße entlang führt. (Hier finden sich auch Parkmöglichkeiten, z. B. in Höhe des Orteliuskaais [I E5].) Wer nur wenig Zeit hat, braucht am Schelde-Ufer nicht unbedingt lange Station machen, es gibt schönere Uferpromenaden in Europa. Wer jedoch ein Faible für alte Burgen hat, für den ist der Steenplein eine wichtige Adresse. Es ist das **älteste Siedlungsgebiet der Stadt**, an das die **Steen, die alte Burg,** bis heute erinnert. Ihre ältesten Teile stammen aus dem 13. Jh. Im Lauf der Zeit verfiel die Burg mit dem mächtigen Eingangstor samt Fallgitter, erst Ende des 19. Jh. begann man, den Komplex zu rekonstruieren. Lange Zeit diente das Gemäuer der **Inquisition** als Gefängnis und Folterkammer.

Nicht zu übersehen ist am Fuß der breiten Burgrampe der „**Lange Wapper**", die Figur eines Riesen, der, so heißt es im Volksmund, einst die Zecher auf dem Heimweg begleitete – ein Geist, der alle Säufer plagte.

Vor der Burg fließt die **Schelde,** die gut 80 km weiter in die Nordsee mündet und an dieser Stelle 500 m breit ist. Eine Stelle, an der einst das Leben pulsierte: Auswanderer und Abenteu-

Silvius Brabo, der Handabschläger

*Mitten auf dem Grote Markt steht eine riesige Brunnenfigur, in der Lokalpatrioten den **Stadtgründer** sehen wollen - den römischen Soldaten Silvius Brabo. Der Legende nach besiegte dieser im ersten Jahrhundert unserer Zeitrechnung den Riesen Druoon Antigoon, der damals die Region am Unterlauf der Schelde beherrschte und von jedem vorbeifahrenden Schiff ein Lösegeld verlangt haben soll. Versagte man dies dem Riesen-Piraten, soll er den Nichtzahlern die Hand abgeschlagen haben. Brabo jedenfalls machte dem Unwesen ein Ende, indem er dem Bösewicht die Hand abhackte und sie in die Schelde warf. Wie auch immer:*

Mit dem Wurf der abgeschlagenen Hand jedenfalls, so der Volksglaube, war der Name „(H)Ant-Werpen" geboren.

Wissenschaftlich glaubwürdiger freilich ist die Version, dass der Name der Hafenstadt von „aanwerp" abgeleitet ist, einer aufgeschütteten Landzunge, die auf Höhe der Burg Steen in die Schelde ragte. Der römische Soldat mit der abgeschlagenen Hand in den Fingern findet sich heute übrigens nicht nur als Brunnendenkmal auf dem Grote Markt, sondern auch auf dem benachbarten Handschoenmarkt ❽, wo Brabo einen schmiedeeisernen Brunnen aus dem 16. Jh. krönt.

Modemetropole Antwerpen

Wer von Mode spricht, nennt Antwerpen heute längst **in einem Zug mit New York, Mailand, London und Paris**. Auf alle Fälle ist die Stadt an der Schelde heute Belgiens Nummer eins in Sachen Mode. Amerikas First Lady, Michelle Obama, trägt ebenso Kleider aus Flandern wie Superstar Madonna. Da wundert es nicht, dass sich im sogenannten Modeviertel rund um die Nationalestraat viele kleine, schicke Designerläden gruppieren.

Bis Ende der 1960er-Jahre war Mode in Antwerpen eine Spezialität von Familienbetrieben, die mit in Paris gekauften Schnittmusterbögen als Vorlage Kleider und Anzüge nachschneiderten.

Das änderte sich Ende der 1980er-Jahre, als sechs Absolventen der Antwerpener Modeakademie, Walter van Beirendonck, Ann Demeulemeester, Marina Yee, Dries van Noten, Dirk van Saene und Dirk Bikkembergs, auf der Modemesse in London auf sich aufmerksam machten. Weil die Engländer ihre Namen nicht aussprechen konnten, wurden sie als die **„Sechs von Antwerpen"** (**„Antwerp Six"**) bekannt. Alle sechs waren Studenten der 1964 von Mary Prijot gegründeten Modeabteilung der Königlichen Akademie für Schöne Künste.

1996 wurde das **Flanders Fashion Institute** (FFI) gegründet, das junge Modeschöpfer beim Aufbau ihrer Karriere unterstützen und auf internationaler Ebene für die neue belgische Mode werben sollte. Das FFI gehörte schließlich auch zu den Vätern des Zentrums **ModeNatie ⓫**, einem 9000 m² großen Fashion-Palast an der Ecke Drukkerijstraat/Nationalestraat.

Der Prachtbau beherbergt heute auch die Modeakademie der Königlichen Akademie der Schönen Künste, deren Studenten weltweit Anerkennung genießen. So entwarfen Antwerpener Designer unter anderem die Trikots für die Fußballer von Inter Mailand oder statteten Popgrößen wie U2 oder die isländische Sängerin Björk mit passenden Bühnenklamotten aus. Zu den jüngsten Akademie-Talenten gehören der Designer Cedric Jacquemyn, dessen Männermode viel Beachtung erfahren hat, oder der gebürtige Ulmer Bernhard Wilhelm, der Mode als Kunst zelebriert. Aber auch Herrenausstatter wie Boss und Modekonzerne wie Jil Sander oder Dior schätzen längst das kreative Potential der Modeschmiede an der Schelde.

Herzstück der ModeNatie aber ist das **MoMu, das Museum für Mode, Kleidung und Textiles,** das seine Schätze in zweimal jährlich wechselnden Ausstellungen präsentiert. Ebenfalls zum Museum gehören ein Wissenschaftszentrum und eine öffentlich zugängliche Bibliothek mit über 15.000 Büchern und einem großen Lesesaal. Mit Modeliteratur aus aller Welt ist der Buchladen im Haus gut bestückt. Für alle, die Mode nicht nur anschauen wollen, gibt es im Erdgeschoss neben einem Café auch einen großen Modeladen, der mehr als zwei Dutzend Labels vertritt.

Wer sich im Modedschungel nicht zurechtfindet, dem helfen professionelle Führer gern beim Shoppen: Männer und Frauen, die sich ihre Führungen aber gut bezahlen lassen. Die passenden Kontakte vermittelt das Tourismusamt (s. S. 119).

> *Modemuseum MoMu (s. S. 61), Nationalestraat 28, Antwerpen, Tel. 03 4702774, www.momu.be, Di.-So. 10-18 Uhr, Eintritt: 8 €, Zugang zur Galerie kostenlos*

Ausgesuchte Designeradressen:

📍20 *[I D8] **Anja Schwerbrock**, Kloosterstraat 175, Antwerpen, www.anjaschwerbrock.com, Mi.-Sa. 12-18 Uhr. Kleiner, aber feiner Laden der deutschen Modedesignerin im Süden der Stadt. Fast zeitlos elegante Damenmode und Accessoires.*

📍21 *[I D9] **Ann Demeulemeester**, Leopold de Waelplaats, www. anndemeulemeester.be, Mo.-Sa. 10-18.30 Uhr. Flagshipstore der Stardesignerin Ann Demeulemeester mit exklusiver Herren- und Damenmode.*

📍22 *[I E7] **Het Modepaleis**, Nationalestraat 16, Antwerpen, www.driesvannoten.be, Mo.-Sa. 10-18.30 Uhr. Über drei Stockwerke bietet Dries van Noten in seinem auch architektonisch sehenswerten Modepalast Kleidung für Damen und Herren.*

📍23 *[I F7] **Graanmarkt 13**, Graanmarkt 13, Antwerpen, www.graan markt13.be, Mo.-Sa. 10.30-18.30 Uhr. Antwerpens elegantester Concept Store bietet exklusive Mode und feinste belgisch-internationale Küche.*

📍24 *[I E8] **RA 13**, Antwerpen, Kleine Markt 7-9 (im 1. Stock), www. ra13.be, Di.-Sa. 11-18 Uhr. Exklusiver Concept Store mit ausgefallener Kunst und Mode. Nur für Gutverdienende!*

rer starteten von hier ihre Reisen nach Amerika, zwischen 1880 und 1935 verließen mehr als zwei Millionen Menschen vom Steenplein aus Europa. Von diesen Auswanderern sollen heute schätzungsweise 30 Millionen Amerikaner abstammen. Und auch in Belgiens Kronkolonie Kongo brach man gewöhnlich von hier aus auf, wo heute die Ausflugsboote für eine Rundfahrt auf der Schelde ankern. Auch große Kreuzfahrtschiffe machen hier wieder Station.

Wer will, kann nicht weit von hier auf die andere Seite des Flusses wechseln, um von dort das Panorama der Stadt zu genießen. Möglich macht das der in den frühen 1930er-Jahren gebaute, 572 m lange **Sankt-Anna-Tunnel**, der samt seiner hölzernen Rolltreppe unter Denkmalschutz steht. Da Brücken an diesem Flussabschnitt fehlen, ist der Tunnel die einzige Gelegenheit, von der City aus rasch den Fluss zu queren.

> **Schelderundfahrt Flandria Boat**, Steenplein 1, Tel. 03 2313100, www. flandriaboat.com, Mai-Juni Fr.-So., Juli-August Di.-So., Sept. Sa./So. um 14 und 16 Uhr, 8 €

⓫ Modeviertel Nationalestraat mit ModeNatie ★★   [I E7]

Die Nationalestraat ist eine der geschäftigsten Straßen Antwerpens. Hier sind nicht wie auf der Meir die großen Ladenketten mit ihren für ganz Europa genormten Angeboten zu Hause, hier finden sich **kleine Boutiquen und Läden**. Die meisten sind teure Läden, in denen sich der Kunde noch ein bisschen als König fühlen darf. Etwas preiswerter wird es in den Seitenstraßen, wo kleine Cafés zu einer Pause einladen. Wer ausgefallene Kreationen zu moderaten Preisen sucht, ist in der von der Nationalestraat abgehenden Kammenstraat [I E7] gut aufgehoben. Kern des Viertels ist die **ModeNatie** (an der Kreuzung Nationalestraat/Drukkerijstraat), wo sich die Modeabteilung der Kunstakademie, eine Bibliothek und das **Modemuseum** (s. S. 61) befinden.

Wer Zeit hat, sollte den nahegelegenen **Vrijdagmarkt** [I E7] besuchen, auf dem freitagmorgens – unter den wachsamen Augen der heiligen Katharina – Kitsch und Nippes angeboten werden. Die heilige Katharina nämlich, deren Denkmal hier steht, ist in Antwerpen auch Schutzpatronin der Trödler.

Ein paar Schritte weiter liegt die **spätgotische St. Andreaskirche**, zu deren Gemeindemitgliedern auch Rubens gehörte. Früher ein reines Arbeiterviertel, reihen sich hier heute Mode- und Antiquitätengeschäfte.

> **ModeNatie**, Nationalestraat 28, www.modenatie.com

ii25 [I D7] **St. Andreaskirche (St. Andrieskerk)**, Sint-Andriesstraat 5, Tel. 03 2320384, www.sint-andrieskerk.be, Mo.–Fr. 9–12, Sa. 10–12 Uhr, April–Okt. auch 14–17 Uhr, Eintritt frei

⓬ Museum
Plantin-Moretus ★★ [I D7]

Das Renaissanceensemble war eine der wichtigsten Druckwerkstätten Europas, wo künstlerisch aufwendige Bibeln und humanistische Werke von Weltrang gefertigt wurden.

Peter Paul Rubens, eng befreundet mit dem Drucker Balthasar Moretus, dem Schwiegersohn des französischen Druckers Christophe Plantin, lieferte so manches Titelblatt. 1876 wurde das Haus an die Stadt Antwerpen verkauft, die es schließlich samt Werkstatt in ein Museum umwandelte. Das Haus verfügt über eine ein-

malige **Sammlung typografischen Materials,** darunter zwei zum Weltkulturerbe zählende Druckerpressen und eine Gutenbergbibel.

> **Vrijdagmarkt** 22–23, www.museumplantinmoretus.be, Tel. 03 2211450, Di.–So. 10–17 (Tickets bis 16.30 Uhr), 8 €

⓭ Museumsviertel
Het Zuid ★★ [I D9]

Gut zwanzig Fußminuten vom Zentrum um die Liebfrauenkathedrale ❼ entfernt, im Süden der Innenstadt, findet sich der Stadtteil Het Zuid, ein Quartier mit breiten Straßen wie der Leopold De Waelstraat, an deren Ende der Justizpalast liegt – ein Meisterwerk des britischen Stararchitekten Richard Rogers, der auch das Centre Pompidou und den Millennium Dome mitkonzipierte.

Am Vlaamsekaai trifft man auf die **alten Hafenbecken**, die in den 1960er- und 1970er-Jahren zugeschüttet wurden. Damals verfielen auch die angrenzenden Arbeiterwohnungen. Schon bald danach aber begann der Wiederaufstieg des Stadtteils, entstanden schicke Designerläden und Galerien, vor allem auch Gastronomie, welche die Gegend um das Museum für Schöne Künste ⓮ zum Szeneviertel machten.

Wer sich für moderne Kunst interessiert, ist im **M HKA** (Museum voor Hedendaagse Kunst – Museum für Zeitgenössische Kunst) am richtigen Platz, das heute als wichtiger Hort zeitgenössischer Kunst gilt (s. S. 61). Das Museumscafé, das ein Wandgemälde des Künstlers Keith Haring ziert, lädt City-Bummler zur Kaffeepause.

▷ *Das MAS im Viertel 't Eilandje*

⑭ Königliches Museum der Schönen Künste ☆ [I D9]

Das Königliche Museum Antwerpen ist eine der wichtigsten europäischen Kunstsammlungen und Aushängeschild flämischer Malerei.

Wegen einer gründlichen Renovierung ist die Sammlung allerdings **bis 2017 geschlossen** und die wichtigsten Bilder in der ganzen Stadt verteilt. So sind Rubens-Werke an ihren ursprünglichen Platz in der Liebfrauenkathedrale ❼ zurückgekehrt, Werke alter Meister wie Bruegel oder Memling hängen im Museum aan de Stroom ⑮ und die Kunst des 19. und 20. Jahrhunderts wurde in den Ausstellungsraum Koningin FabiolaZaal (s. S. 60) ausgelagert.

Rund um das Museum aber blüht das Leben. Hier finden sich Bistros und Restaurants, deren Terrassen vor allem im Sommer fast immer belebt sind.

⑮ Museum aan de Stroom (MAS) und Szeneviertel 't Eilandje ☆☆☆ [I F5]

Der mehr als 50 Millionen teure Museumsbau MAS im neuen Szenviertel 't Eilandje birgt fast eine halbe Million Objekte. Das Ethnografische Museum, das Nationale Schifffahrtsmuseum und das Volkskundemuseum lieferten den Grundstock für die neue Sammlung. Und bis 2017 werden hier auch die alten Meister aus dem Museum der Schönen Künste ⑭ Unterschlupf finden.

Statt einer Dauerausstellung sollen hier die schönsten Stücke zu **wechselnden thematischen Kompositionen** wie „Leben und Tod" zusammengeführt werden. Und natürlich finden Stadt und Hafen breiten Raum in den Ausstellungssälen. Eine Rolltreppe verbindet die neun Stockwerke des eindrucksvollen Baus mitten im alten Hafenviertel, dessen erste Kais schon unter Napoleon angelegt wurden. Unten hat ein Café Einzug gehalten, im Obergeschoss ein Restaurant. Das Gebäude steht im Sommer bis Mitternacht, im Winter bis 22 Uhr offen und bietet von oben einen **einmaligen Blick über die Stadt**. Donnerstags bleibt einer der Ausstellungssäle bis 21 Uhr zugänglich.

Mit dem neuen Museum hat das Szeneviertel um **Bonaparte- und Willemdock** einen neuen Fixpunkt erhalten. Ringsum haben Modemacher, Designer, Dienstleister und andere Kreative in den alten Warenhäusern eine neue Heimat gefunden, wohnen heute Menschen, wo früher Tabak, Getreide, Kaffee oder Wein umgeschlagen wurden. Und inzwischen hat ein weiteres Museum im Szeneviertel Einzug gehalten. In den alten Lagerhäusern am Rijnkaai hat das **Red Star Line Museum** (s. S. 61) seine Pforten geöffnet.

❯ Museum aan de Strom (MAS), Hanzestedenplaats 1, Tel. 03 3384434, www.mas.be, Di.–So. 10–17 Uhr, April–Okt. bis 18 Uhr, 5 €–10 €

15

Hanze-steden-plaats

Godefridus-

Entrepot-plaats

A.M.C.A.

De Wagnemakere-str.

Italiëlei

Van Aerdtstr.

Geulincxstr.

adriaan bouwerstr

Van Schoon-bekepl.

Spanjaard-steeg

Voormalig Stapelhuis

Zeevaart str.

Oudeleeuwen-

Oudeleeuwen-

Anker-rui

rui

Koeikensgracht

Zwedenstr.

Tunnel-plaats

Noorse Kerk

Cassiers-str.

5

erssstr.

Falconplein

Falcon-poort

Gen. Belliardstr.

Zeemans-huis

Hessen-straatje

Falconplein

Hessen-huis

Stijfsel-str.

Morgen-str.

rui

St.-Antonius-kerk

Rijnpoortvest

Italiëlei

Falcon-

dorp

203

Klapdorp

Kaasbrug

Paardenmarkt

Hoornstr.

Hamer str.

Hamerpl.

Lange Noordstr.

Loog

Veke.

Paarden-

markt

Kleine Kauwenberg

Kauwen-straat

Lange Kauwenberg

Lange Winkelstr.

Rode-

str.

Koorte Noordstr.

Mutsaardstr.

Raapstr.

Stads-waag

Lange Brilstr.

Stads-archief

U.A. Pol. & Soc.

Nederlandse Hervormde Kerk

Begijn-hof

6

hief en Mus. het Vlaamse ulturleven

Minderbroeders-str.

broedersrui

St. Godaard

Academie v. Schone Kunsten

Blindestr.

Ambtmanstr.

U.A. Stadscampus

Rustoord

Venus-str.

Pieter v. Hobokenstr.

Prinsstr.

Gratie-Kapelstr.

Koningstr.

Össen-markt

Korte Winkelstr.

Paters Capucijnen

Van Boendaelstr.

Keizers-kapel

Keizers-

Rockox-huis **68**

216

Paddenstr.

Prinses-

str.

Kattenstr.

Zwanengang

Korte St.-Annastr.

Frans Halsplein

Lange St.-Annastr.

Motenberg

ntkers-str.

Wijn-gaard-brug

Kipdoro

Kipdoro

St.-Carolus-Borromeus

euwstr.

vest

St.-Nicolaas-pl.

Borzelstr.

Markgravestr.

Bourgondische Kapel

St.-Jacobs-kerk ⅱ **19**

Parochiaan-str.

Sint-Jacobs-markt

V.T.B.

Apostel-str.

Beg-aarden vest

Handels-beurs

Israëli-ënfen str.

Pruynenstr.

Twaalf Maandenstr.

Gramayestr.

Korte Klarenstr.

Lange

Lange

Nieuwstr.

Elzenstr.

Oster-riethhuis

Lange Nieuwstr.

Cellebroedersstr.

Jezus-

str.

Belgacom

Apra **61**

Nieuwstr.

vest

54

Meirbrug

Katelijne-

Huidevettersstr.

Meir

Meir

MEIR **I.C.C.** **11**

Wapper

Meir

Meir

Meir

Teniers-plaats

OPERA

7

Groendalstr.

Korte Gasthuisstr.

8

Jodens-

28

Bourla-schouwburg

str.

Schuttershof

50

Kelder-str.

29

Rubens-huis **5**

27

Kolveniersstr.

Stedelijke Feestzaal

Paters

Verzam. "Het Wiel"

Hopland

Folter-museum

Otto Veniusstr.

Kipdorp

Van Cuyck-str.

Italiëlei

Mus. Mayer van den Bergh

65

Komedieplaats

Kammen-straat

Arme-duivelstr.

Graan-markt

23

Hopland

Stads-schouw-burg

58

Lange Gaag

Lam-mekensraam-veld

Tabakvest

Maria-

Districthuis
Maagden-huis
Arenberg Schouwburg
Theater-plein
🅿 38
Meist.
Aren-
berg
str.
ange
Gasthuis-
Boog-keers
Leopold-
Henri
van Heurckstr.
Oude Vaartplaats
Nieuwstad
Stoop-str.
Tabak-str.
Britselei
Algemeen Ziekenhuis St.-Elisabeth
220
Mechelse-plein
alk Gerardstr.
St. Jorisstr.
St.-Joris
Schermers-
Mus. v. Anesth. Verantare
Louiza-
Koning-ginnenstr.
Beginenvest
Kilaanstr.
49
Nationale Bank
Leopold-pl.
Bourlastr.
Mechelse-steenweg
Jorispoort
Tabakvest
Blauw-toren-plein
Lutherse Kerk
Frankrijklei
Paters Jezuïeten
Louiza-
Manalei
Rubenslei
8
Rubenslei
Maria Henriëttalei
Stadspark
54
Brabant-str.
Bollandus-str.
Kapucinessenstr.
vest
str.
str.
Lange
Breestr.
Van
Eycklei
Mechelsesteen
Van
Leem-
Edelinck
Van Noortstr.
Bex
str.
Rembrandtstr.
Florisstr.
Evang. Kerk
Memling-str.
Ant. van Dyck
9
Britselei
Mertens
Stock-mansstr.
Jan Frans Willemsstr.
str.
Boet-kapel
Hemelstr.
Jacob Jordaensstr.
Lange
Leemstr.
Breughel-
Justitie-
De Dam
houdefest
str.
Tortstr.
De Moystr.
Montebellostr.
Hertogin-
Korte Leemstr.
Sint-
Jozef-
weg
Sanderus
Molen-
str.
Aarschot-
plaat
Aarschotstr.
Molen-
Teichmann-str.
Lange Lozanastr.
Jozef
de
Bomstr.
Ansel-
mostr.
Fourmentstr.
Isabella Brantstr.
Const. Teichmann-plaats
Gounodstr.
H. Geest
Sint-Vincentius-ziekenhuis
🅿
str.
10
Mechelsesteen-
ereformeerde rk
Vinkenstr.
Verdussen-str.
Jan Blockstr.
Peter Benoitstr.
Katrinahof
bekestr.
Van
Schoon-
Harmoniestr.
Mozа
Sint-Vincentius-
bertsstr.
44
10

"Het Steen"
Museum der schönen Künste
Antwerpen Centraal

F
G

0   1 cm = 80 m   200 m

Italiëlei

De Coninckplein

Pijlstr.

Koninklijk Atheneum

V.J.C.

Vertrek Bussen

Franklin-Rooseveltplaats

Kon. Vlaamse Opera 59

Cinema UGC

Beeldekens-str.

Greinst.

Delinstr.

Constitutie str.

Lange Dambrugge

H.-Hart

Schaafhoven str.

Lange Winkelhaakstr.

Korte Winkelhaakstr.

Willem

Bisschop

Congresstr.

Carnot-str.

Offerande str.

Gemeente-str.

ASTRID

190

Koningin Astridplein

218 Feestzaal Koningin Elisabeth

Prov. Diamantmus.

Ommeganck str.

De Keyserlei

DIAMANT

B

Antwerpen Centraal 1

Antwerpen Zoo 2

Provinciestr.

Mus. voor Natuurhistorie

Tuinbouwstr.

Quellinstr.

Lange Herentalsestr.

Vestingstr.

Rijfstr.

Pelikaanstr.

Ploeg-laan

Copernicus-laan

St.-Dominicus

Ketsstr.

Milisstr.

Diamant-beurs

Fabriekstraatje

Korte Herentalsestr.

Schupstr.

Lange

Quinten Matsijslei

Kievit-str.

Lerius-str.

Jacob

Jacobsstr.

Korte Kievitstr.

Lange

217

Van Spangen-str.

Kievitstr.

Leuwerikstr.

Borger-houtsestr.

Lentestr.

Somers-str.

Bleek hofstr.

PLANTIN

Van Eycklei

Loosplaats

Brialmont-lei

St.-Jozef

Plantin

en

Mercatorstr.

Leopo... brü...

Jacob Jordaensstr.

Simonsstr.

"Het Steen"

Museum der schönen Künste

Antwerpen Centraal

H   **I**

Nützliche Adressen

Einkaufen

Antwerpen ist Belgiens wichtigste Einkaufsstadt. Mit der Meir, einer langgestreckten, breiten Fußgängerzone inmitten der Stadt, findet sich hier auch die wichtigste Einkaufsmeile des Landes. Und weil es vom Bahnhof zu den Shoppingzonen nur ein knappes Viertelstündchen Fußmarsch ist, kommen auch die Menschen aus Brüssel gern zum Einkaufen her.

Antwerpens Shoppingdreieck erstreckt sich zwischen Hauptbahnhof ❶, Groenplaats ❻ und dem Museumsviertel im Süden ⓭. **Zentrale Einkaufsachse** ist die **Meir** ❹. Die 1257 erstmals erwähnte Straße galt schon im 16. Jahrhundert als eine der wichtigsten Verkehrsadern der Stadt. Zu beiden Enden wird sie heute von den Metro-Stationen Opera und Meir begrenzt. Auf ein paar Hundert Metern Fußgängerzone dazwischen finden sich fast alle großen Ladenketten Europas, dazu Buchhandlungen, Einrichtungshäuser, Drogerien und gastronomische Betriebe. Zu einem Großteil finden sich die Läden hinter historischen Fassaden in aufgemotzten Prachtbauten aus der Zeit um die vorletzte Jahrhundertwende.

Auf jeden Fall sollte man an der Meir einen Abstecher in den **Stadsfeestzaal (Stadtfestsaal)** machen. Früher diente der 1908 erbaute neoklassizistische Saal als Ausstellungsraum oder als Kulisse für Autosalons und Antikmöbelbörsen, heute ist er ein vornehmes Kaufhaus mit Champagnerbar. Wenig weiter lockt das renovierte **Paleis op de Meir**. Ein alter Kaufmannspalast, in dem heute der bekannte Chocolatier Dominique Per-

soone arbeitet und wo man den Schoko-Künstlern bei der Arbeit zusehen kann (s. S. 25).

Interessante kleine Geschäfte finden sich auch in den umliegenden Gassen – vor allem im sogenannten „Quartier Latin" entlang der Schuttershofstraat [I F7] und rings um den Horta-Komplex an der Straße Hopland. Auch entlang der Leopoldstraat [I F8] und dem Mechelsesteenweg [I F9] und rund um den Komedieplaats [I F7] kommen Shopper auf ihre Kosten. Eiermarkt und Schoenmarkt verbindet das **Grand Bazar Shopping Centre**, das größte Einkaufszentrum der Innenstadt. Das Mekka aller Modebewussten aber ist die **Nationalestraat** ⓫ und ihre Nebenstraßen, die mit vielen Boutiquen aufwarten (s. S. 46). Zweimal jährlich (April/Mai und Okt./Nov.) laden sie zum Stocksale, einer Art Lagerverkauf, bei dem nur mit Bargeld bezahlt werden kann.

Antiquitäten- und Trödelläden, aber auch schicke Designerläden ballen sich entlang der Kloosterstraat [I D7]. Wer alte Musikinstrumente, Bücher, Schallplatten oder Spielsachen sucht, wird hier genauso fündig wie Sammler alter Mobel. Die meisten Antikläden sind von Mittwoch bis Sonntag (13–18 Uhr) geöffnet, was die Citybummler vor allem sonntags schätzen. In der Südstadt ist Kunst und Kultur angesagt. Hier reihen sich moderne Galerien rund um Vlaamseund Waalsekaai. Freunde edler Steine sollten im **Diamantenviertel** ❸ Station machen. Nirgendwo sonst in Europa kommt man unter Umständen kostengünstiger und besser an einen Hochkaräter.

▷ *Antwerpen:
der prächtige Stadsfeestsaal*

051fl Abb.: gs

Einkaufscenter in Antwerpen

26 [I E7] **Grand Bazar Shopping Centre**, Beddenstraat 2, Tel. 03 2312501, www.grandbazarantwerp.be, Mo.–Sa. 10–18.30 Uhr. Ein halbes Hundert Geschäfte – vom Buchladen bis zum Schuster.

27 [I G7] **Stadsfeestzaal**, zwei Eingänge: Meir 78 und Hopland 31, www.stadsfeestzaal.com, Tel. 03 2023100, Mo.–Sa. 10–18.30 Uhr. Heimstatt von rund 30 Markenartiklern.

Ausgefallene Einkaufsideen

28 [I F7] **Coccodrillo**, Schuttershofstraat 9 A/B, Tel. 03 2332093, www.coccodrillo.be, Mo.–Sa. 10–18 Uhr. Antwerpens exklusivstes Schuhgeschäft.

29 [I F7] **Polare**, Wapper 5, Tel. 03 2316627, www.polare.nl, Mo.–Sa. 9.30–18 Uhr. Buchhandel und Antiquariat mit großer Auswahl direkt neben dem Rubenshaus.

30 [I E7] **De Vagant Slijterij**, Reyndersstraat 25, Tel. 03 2331538, www.devagant.be, Mi.–Mo. 11–18 Uhr, So. 13–18 Uhr. Unter den vielen hundert Genevern findet man hier den richtigen.

31 [I E7] **Huis A Boon**, Lombardenvest 2, Tel. 03 2323387, www.glovesboon.be, Mo.–Sa. 10–18 Uhr. Kleine Handschuhmanufaktur mit über 100-jähriger Tradition. Nostalgie pur!

32 [I E8] **Labels Inc.**, Aalmoezenierstraat 4, Tel. 03 2326056, Mo.–Sa. 11–18, Mi. ab 14 Uhr. Ausgefallene Damen- und Herrenmode meist junger Designer.

33 [I H7] **Pardaf**, Gemeentestraat 8, Tel. 03 2326040, www.pardaf.be, Mo.–Sa. 11–18 Uhr. Mischung aus Secondhand- und Trödelladen.

34 [I E7] **Renaissance**, Nationalestraat 28–32, Tel. 03 3690108, www.renaissance-antwerp.com, Mo.–Sa. 10.30–19 Uhr. Exklusiver Modeladen mit ausgesuchten Labels.

35 [I E8] **Rosier 41**, Rosier 41, Tel. 03 2255303, www.rosier41.be, Mo.–Sa. 10.30–18 Uhr. Secondhandladen für Designer-Klamotten.

Märkte in Antwerpen

36 [I E6] **Antiquitätenmarkt auf dem Lijnwaadmarkt**, Sa. 9–17 Uhr (Ende März bis Okt.)

🏷37 [I D7] **Antiquitätenmarkt St.-Jansvliet**, So. 9–17 Uhr (Ostern bis Okt.)

🏷38 [I G8] **Markt am Oude Vaartplaats und Theaterplein**, Sa. 8–16 Uhr Lebensmittel aus aller Welt, So. 8–13 Uhr Blumen, Tiere, Textilien, Trödel

🏷39 [I E7] **Trödelmarkt auf dem Vrijdagmarkt**, Fr. 9–13 Uhr. Mit Hausratsversteigerungen.

Gastronomie

Restaurants

🍴40 [I E9] **Ciro's** €–€€, Amerikalei 6, Tel. 03 2381147, www.ciros.be, Di.–So. 11.30–22.30 Uhr. Essen wie zu Großmutters Zeiten: Muscheln mit Fritten oder Pferdefleisch, das als Filet mit Salat und Pommes auf den Tisch kommt. Durchgehend geöffnete Küche!

🍴41 [I E8] **Huis de Colvenier** €€€, Sint-Antoniusstraat 8, Tel. 04 77232650, www.colvenier.be, Di.–Sa. 12–15 u. 18–22 Uhr, Gruppen auch So. und Mo.,

EXTRATIPP

Essen mit Aussicht

🍴47 [I F4] **'t Zilte** €€€, Hanzestedenplaats 1, Tel. 03 2834040, www.tzilte.be, Di.–Sa. 12–14 Uhr und 19–21 Uhr. Exklusives Restaurant im Obergeschoss des neuen Museums MAS (Museum aan de Stroom) mit einmaligem Rundblick über die Stadt, Schelde und Hafen. Für erlesene Mahlzeiten bürgt der mit zwei Michelin-Sternen dekorierte Koch Viki Geunes. Fünf-Gänge-Menüs ab 115 €.

Für den späten Hunger

❯ **Fritkot Max** (s. S. 21), **Antwerpen**. Hier im Herzen Antwerpens schmecken die frischen Pommes noch um Mitternacht.

Menü ab 65 € (inkl. korrespondierender Weine). Edelgastronomie im Herzen der Stadt. Drei Menüs stehen zur Auswahl oder man lässt sich vom Chef persönlich beraten.

🍴42 [I D9] **Kommilfoo** €€€, Vlaamse Kaai 17 B, Tel. 03 2373000, www.restaurantkommilfoo.be, Di.–Fr. 12–14 und 18.30–22, Sa. 18.30–22 Uhr. Olivier de Vinck, einer der besten belgischen Küchenchefs, verwöhnt seine Gäste alle fünf Wochen mit einem neuen Menü. Kenner schätzen die Schulterstücke seiner Pyrenäen-Ziegen.

🍴43 [I E5] **Lux** €€–€€€, Sint-Aldegondiskaai 20, Tel. 03 2333030, www.luxantwerp.com, tgl. 12–14.30 u.18–22 Uhr, im Winter Mo. und samstagmittags geschlossen. Schickes Lokal am Bonapartedok. Hier serviert man Leckeres von der Barbarieente bis zur opulenten Meeresfrüchteplatte. Businesslunch wird ab 24 € angeboten.

Für den kleinen Hunger und Geldbeutel

🍴44 [I G10] **22b Zoet Zout Enzo** €, Sint-Vincentiusstraat 22B, Tel. 03 2390723, www.22b.be, Mo.–Fr. 8–20 Uhr. Kleine Lunchbar mit hausgemachten Snacks, Quiche, Lasagne, Pasta, Salaten und Brownies. Auch Vegetarisches, Selbstbedienung!

🍴45 [I D9] **Fiskebar** €–€€, Marnixplaats 12/13, Tel. 03 2571357, www.fiskebar.be, tgl. 12–23 Uhr (im Winter nicht durchgängig). Frischer Fisch, den man, vom Seehecht bis zum Heilbutt, selbst an der Theke auswählt. Sehr gutes Preis-Leistungs-Verhältnis, Reservierung angeraten!

🍴46 [I D9] **Glenns** €€, Graaf van Egmontstraat 39a, Tel. 03 2168010, www.glenns.be, tgl. 11.30–23 Uhr. Schön gestyltes Restaurant im Trendviertel Het Zuid, täglich von 12–19 Uhr Businesslunch.

KLEINE PAUSE

Dinner for One

Wer bei Steven de Smedt speist, braucht keine Karte. Auf den Tisch kommt, was der Markt hergibt, die passenden Weine sucht der Chef für den Gast persönlich aus. Nur Zeit sollte man mitbringen, handelt es sich bei puur personal cooking doch um einen Ein-Mann-Betrieb. Steve ist Kellner und Koch in einer Person. Man kann ihm bei der Arbeit an seinen Öfen mitten im Restaurant auch noch zusehen. Mittags zaubert er zu einem Festpreis drei Gänge (35 €), abends vier Gänge (55 €) auf den Tisch.

🕦**55** [I C10] **puur personal cooking** €€–€€€, Edward Pecherstraat 51, Tel. 0495832487, Di.–Fr. 12–14 und 19–21.30 Uhr, www.puurpersonal cooking.be

Vegetarische Küche

🔴**48** [I E7] **Lombardia** €–€€, Lombardenvest 78, Tel. 03 2336819, www. lombardia.be, Mo.–Sa. 8–18 Uhr. Lunch-Bar, die Naturprodukte verwendet, meist laktose- und glutenfrei, übrigens wird hier sogar glutenfreies Bier angeboten.

Cafés

🔵**49** [I F8] **Caffénation**, Mechelsesteenweg 16, www.caffenation.be, Tel. 03 6897013, So. 11–18, Mo.–Fr. 8.30–19 Uhr, Sa. 9–19 Uhr. Alternativ angehauchtes Café mit Terrasse, meist junges Publikum.

🔵**50** [I F7] **De Foyer**, Komedieplaats 18, www.defoyer.be, Tel.03 2335517, tgl. ab 11 Uhr (sonntagabends geschlossen). Die Brasserie und Café bietet das einmalige Ambiente eines alten Theaters. Die Bourlaschouwburg wurde zwischen 1827 und 1834 von Pierre Bruno Bourla geschaffen. Hier trifft man sich mittags zum Kaffee, abends zum Cocktail.

Nachtleben

🟢**51** [I E5] **Cafe d'Anvers,** Verversrui 15, Tel. 03 2263870, Fr./Sa. 23–7 Uhr, Eintritt: ca. 10 €. Seit mehr als 20 Jahren eine Institution und ein Mekka der Housemusic. Tolle Stimmung mitten im Rotlicht-Viertel!

🟢**52** [I E6] **Cocktails At Nine,** Lijnwaadmarkt 9, Tel. 03 7071007, www.cocktailsatnine.be, Mo.–Fr. 18–1, Sa./So. 15–1 Uhr. Im Sommer lockt die große Terrasse, im Winter der offene Kamin in dem mehr als 200 Jahre alten Haus. Frische Cocktails, feinste Whiskys. Gut, aber auch teuer!

🟢**53** [I M6] **Muziekcentrum Trix,** Noordersingel 28–30, Tel. 03 6700900, www. trixonline.be, Mo.–Sa. ab 10 Uhr. Musikzentrum im Stadtteil Borgerhout mit viel Livemusik. Internationales Publikum! Viel geredet wurde über Pete Dohertys Auftritt im Trix!

🟢**54** [I H1] **Noxx,** Straatsburgdok, Kotterstraat, Tel. 03 2955465, www.noxxantwerp.be, Do. 22–6, Fr. 23–6, Sa. 23–

Zum „King of Spirits"

Gleich neben der Kathedrale beginnt das sündige Leben. Absinthbar nennt sich die schicke Bar, die zur Brasserie Appelmans gehört. Dick wie ein Buch ist die Getränkekarte, auf der sich neben diversen Cognacs und Grappas auch Caipirinha und Mojito finden. Die meisten Gäste aber kommen wegen des Absinths, der in Belgien inzwischen wieder ausgeschenkt werden darf. Im Angebot sind vor allem italienische, spanische und französische Produkte, aber auch eines aus der Tschechischen Republik. Der „King of Spirits" bringt es auf 70 Vol.-% Alkohol.

☻62 [I E7] **Absinthbar**, Papenstraatje 1, www.absinthbar.be, Tel. 03 2262022, Mo.–So. ab 11.30 Uhr

018fl Abb.: gs

7 Uhr. Einer der jüngsten Musikklubs der Stadt beherbergt drei verschiedene Bühnen mit unterschiedlicher Musik, oft auch Livemusik. Platz für bis zu 2500 Personen. **Mindestalter** 16 Jahre, samstags 18 Jahre!

☻56 [I C10] **Sips**, Gillisplaats 8, Tel. 03 2573959, www.sips-cocktails.com, Mo.–Fr. 17–3, Sa. 18–4 Uhr, Populäre Cocktailbar im Süden. Barchef Manuel Wouters kennt angeblich über 1000 verschiedene Rezepturen...

Theater und Konzerte

☻57 [I F4] **Koninklijk Ballet van Vlaanderen**, Kattendijkdok-Westkaai 16, Tel. 03 2343438, www.koninklijkballetvanvlaanderen.be. Belgiens bestes Ballettensemble glänzt mit Klassikern und modernsten Inszenierungen.

☻58 [I G7] **Stadsschouwburg**, Theaterplein 1, Tel. 090069900, www.stadsschouwburgantwerpen.be. Stadttheater mit Restaurant. Breit gefächertes Repertoire.

☻59 [I H7] **Vlaamse Opera** Frankrijklei 1, Tel. 03 2021011, www.vlaamseopera.be. Antwerpens renommierteste Kulturadresse bietet Oper, Konzerte und Ballett. Das Ensemble bespielt auch das Opernhaus in Gent.

Museen und Galerien

🏛60 [I C9] **FoMu**, Waalsekaai 47, Tel. 03 2429300, www.fotomuseum.be, Di.–So. 10–18 Uhr, 7 €. Das Foto-Museum Provincie Antwerpen präsentiert wechselnde Fotoausstellungen. Im gleichen Haus findet sich auch ein renommiertes Programmkino (www.cinema zuid.be).

🏛61 [I G7] **Koningin FabiolaZaal**, Jezusstraat 28, Tel. 03 2249550, Di.–So. 10–17 Uhr. Hier sind momentan die Werke des 19. und 20. Jahrhunderts aus dem Königlichen Museum der Schönen Künste **⑭** zu sehen.

⑭ [I D9] **Königliches Museum der Schönen Künste**, Antwerpen. Wegen Renovierungsarbeiten ist die Sammlung bis 2017 geschlossen. Die wichtigsten Exponate wurden auf andere Orte in der ganzen Stadt verteilt: Liebfrauenkathedrale ❼ (Rubens-Werke), Museum aan de Stroom ⓯ (Alte Meister), Koningin FabiolaZaal (19. und 20. Jahrhundert)

🏛**63 Middelheimmuseum,** Middelheimlaan 61, Tel. 03 2883360, www.middelheimmuseum.be, Okt.–März 10–17 Uhr, April u. Sept. 10–19 Uhr, Mai u. August 10–20 Uhr, Juni/Juli 10–21 Uhr. Um mehrere Hektar erweitert und ganz neu gestylt präsentiert sich das renommierte Freiluftmuseum am Stadtrand. Vor allem im Sommer ein erholungsreicher Ausflug in die Kunst der Gegenwart. Bildhauer aus aller Welt prägen die Ausstellung.

🏛**64** [I E7] **Modemuseum MoMu,** Nationalestraat 28, Tel. 03 4702770, www.momu.be, Di.–So. 10–18 Uhr, 8 €. Aktuelle Kleidungstrends sowie Mode aus den letzten 500 Jahren (s. S. 46).

⓯ [I F5] **Museum aan de Stroom (MAS),** Antwerpen. Das Museum vereint die Sammlungen des Nationalen Schiffahrtsmuseums mit denen des Volkskundemuseums und des Ethnografischen Museums.

🏛**65** [I F7] **Museum Mayer van den Bergh,** Lange Gasthuisstraat 19, Tel. 03 3388188, www.museummayervandenbergh.be, Di.–So. 10–17 Uhr, 8 € (Kombiticket mit Rubenshaus ❺ 10 €). In einem neogotischen Herrenhaus trug der Sammler Fritz Mayer van den Bergh Ende des 19. Jh. mittelalterliche und barocke Kunstwerke zusammen: Plastiken, Möbel, Gemälde, Teppiche und Schmiedearbeiten von hohem künstlerischen Rang. Zu den bedeutendsten gehört ein Werk des niederländischen Malers Pieter Brueghel d. Ä.: die „Dulle Griet", ein Weltuntergangsszenario voll höllischer Visionen.

⓬ [I D7] **Museum Plantin-Moretus,** Antwerpen. Eine der wichtigsten europäischen Druckwerkstätten der Renaissancezeit beherbergt heute eine einmalige typografische Sammlung, u. a. auch eine Gutenbergbibel.

🏛**66** [I C9] **Museum van Heedendaagse Kunst (M HKA),** Leuvenstraat 32, Tel. 03 2609999, www.muhka.be, Di.–So. 11–18 Uhr, 8 €. In einem ehemaligen Getreidespeicher und Warenhaus präsentiert das Museum für Zeitgenössische Kunst moderne und modernste Kunst. Mehrmals jährlich wechselnde Ausstellungen sollen einen Einblick in aktuelle Entwicklungen des Kunstmarktes geben.

🏛**67** [I E3] **Red Star Line Museum,** Montevideostraat 3, Tel. Tel. 03 2982770, www.redstarline.be, Di.–Fr. 10–17, Sa/So. 10–18 Uhr, 8 €. In einem alten Warenlager der Schifffahrtsgesellschaft informiert das neue Museum über die Geschichte der Atlantik-Linie und der über zwei Millionen Menschen, die mit ihr von hier nach Amerika fuhren.

🏛**68** [I F6] **Rockoxhuis,** Keizerstraat 10–12, Tel. 03 2019250, www.rockoxhuis.be, Di.–So. 10–17 Uhr, 6 €. In authentisch möblierten Zimmern finden sich in dem Patrizierhaus des ehemaligen Bürgermeisters Nicolaas Rockox heute Gemälde von Rubens, van Dyck, Jordaens, Teniers, Brueghel, Quentin Massys (Metsys) und anderen.

EXTRAINFO Tickets und Programme

Über die aktuellen Inszenierungen informieren die örtlichen **Kulturkalender** oder die Websites der Veranstalter. **Tickets** gibt es direkt bei den Veranstaltern oder in ausgesuchten Büros wie Info Cultur in Antwerpen. Dort werden auch häufig Restkarten, etwa für das Opernhaus, verbilligt angeboten.

❯ **Info Cultuur**, Grote Markt 13, Tel. 03 2039585, www.ticket antwerpen.be, Di.–Fr. 10–17.45, Sa. 12–17 Uhr

Rundfahrt durch Antwerpens Hafen

Von April bis Oktober starten an der Londonbrücke die großen Hafenrundfahrten, die **Touren durch den viertgrößten Hafen der Welt,** *der Nummer zwei in Europa. 150 oder 90 Minuten geht es an alten Schleusen und Werften entlang, vorbei an 85 Kilometer Kaianlagen. Würde man sie zu Fuß abschreiten, wäre man Tage unterwegs. Rund 200 Millionen Tonnen Fracht werden hier jährlich umgeschlagen, Waren für ganz Mitteleuropa, Tendenz steigend.*

Mehrsprachig und manchmal auch in Deutsch stellt ein Führer den Hafen während der Rundfahrt vor, erzählt von seiner langen Geschichte, vor allem aber vom Alltag heute. Viel ist von Zahlen die Rede, von Tonnen, Litern oder Stück, kaum jedoch von Menschen, denen Maschinen längst einen Großteil der Arbeit abgenommen haben. Tausende aber sind im Hafen noch immer in Lohn und Brot. Vom Schiff aus kann man ihnen bei der Arbeit auf den Werften oder vor den Lagerhallen zusehen, dort, wo die Waren umgeschlagen werden: Bananen aus Afrika, Ananas aus Südamerika, Granit aus Brasilien, Kohle aus Russland, Kaolin aus China und vor allem Stahl. Die Liste könnte man seitenlang fortsetzen.

Riesige und tonnenschwere Kräne, der größte kann bis zu 800 Tonnen wuchten, sind ihre wichtigsten Helfer, mit Armen, die täglich viele Tausend Container packen. Zwanzig Meter lange Kisten, vollgestopft mit Elektronik, Möbeln, Kleidung, kurz mit allem, was der Mensch so braucht. Riesige Sauger schichten in Sekunden Tonnen von Getreide um. Und noch schneller schaffen mächtige Pumpen Rohöl aus den Bäuchen der Tanker an Land. Dahinter stehen die Anlagen der Petrochemie, auch sie größer als alle anderen in Europa. Die alten Schleusen und Brücken aus dem letzten und vorletzten Jahrhundert, die man zum Touranfang quert, wirken dagegen wie aus der Steinzeit. Das größte Interesse auf der Tour aber finden die **gigantischen Überseeriesen.** *Neben diesen Riesenpötten wirkt das Boot der Hafenrundfahrer fast wie eine Nussschale.*

Einen schönen Eindruck vom Leben im Hafen vermittelt auch ein kleiner Pavillon zu Füßen des Museums aan de Stroom (MAS) **⓯.** *Per Videosignal übermittelte Live-Bilder aus dem Hafen gibt es dort ebenso zu sehen wie einen 15-minütigen Film auf einer 360-Grad-Rundumleinwand. Das kleine* **Hafenmuseum** *ist dienstags bis sonntags von 9.30 bis 17.30 Uhr geöffnet und kostet keinen Eintritt.*

●**69** *[I F4]* **Hafenrundfahrten mit Flandriaboot,** *www.flandria.nu, Abfahrt Londenstraat und Willemdok. Kleine Hafenrundfahrt: Mai-Sept. Di.-So., Okt.-Nov. Fr.-So. 11.15 Uhr, 11 €. Große Hafenrundfahrt: Mai-Sept. Di.-So., Okt.-Nov. Fr.-So. 14.45 Uhr, 15 €. An Feiertagen früh da sein, weil das Boot, wenn es voll ist, startet!*

❭ *Jeden ersten und dritten Samstag im Monat (April-November) hat man die Gelegenheit zu einem* **dreistündigen Candelight Cruise,** *einer Dinnerkreuzfahrt.*

Brügge

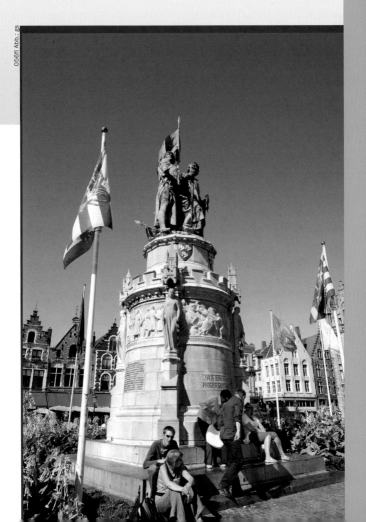

0566f Abb.: gs

Brügge entdecken

Fast 500 Jahre lag das Städtchen im Schönheitsschlaf, ehe es engagierte Bürger weckten. Heute steht Brügges Altstadt komplett unter dem Schutz des Weltkulturerbes, ist Brügge neben Brüssel Belgiens erste Touristikadresse. Gut drei Millionen Besucher streifen jährlich durch die Gässchen, gleiten auf Booten durch Grachten oder kurven mit Kutschen durch die einstige Wikingersiedlung. Brügges Kirchen und Museen genießen Weltruhm, die Feste und Veranstaltungen im In- und Ausland Ansehen. „Venedig des Nordens" nennt sich das Städtchen gern, von dessen fast 120.000 Einwohnern allerdings nur jeder zwanzigste in der denkmalgeschützten Altstadt lebt.

Geschichte

„Bryggja", also Landungsplatz, tauften die Wikinger im 9. Jh. den Siedlungsflecken an der Rei-Mündung. Anno 864 errichtete Markgraf Balduin I. hier eine Burg, die Brügges **Ruf als Handelsstadt** begründete.

Schon **im Mittelalter** zählte die Stadt **neben Venedig zu den Zentren der damaligen Weltwirtschaft.** Bank- und Handelshäuser aus mehr als einem Dutzend Länder hatten hier ihre Niederlassungen. Stapelrechte brachten Geld in die Kassen, der Handel mit Wein und Gewürzen, Stoffen und Pelzen Wohlstand. Besonders zugute kam Brügge der Umstand, dass fremde Händler für Kauf und Verkauf ihrer Waren immer einen Brügger Vermittler in Anspruch nehmen mussten, was zusätzliches Geld brachte. Eines der wichtigsten Handelshäuser war das Wirtshaus der Familie van der Beurze, das damit Na-

menspate wurde für all jene Börsen, die heute die Weltwirtschaft maßgeblich bestimmen.

Schließlich aber **spalteten die Auseinandersetzungen zwischen England und Frankreich die Bewohner der Stadt.** Die minderprivilegierten Handwerker hielten es mit ihrem flandrischen Grafen und England, der Adel stand auf Seiten Philipps von Frankreich, dessen Truppen anno 1297 die Stadt besetzten. Weil die neuen Statthalter aber Brügges Bürger ständig unterdrückten, brachten die letzteren im Mai 1302 alle französischen Besatzer um – ein schreckliches Gemetzel, das als „Brügger Frühmette" Geschichte machte.

Für ein besseres Image sorgten **Burgunds Herzöge**, die sich von der politisch instabilen Lage nicht abschrecken ließen und Brügge zum Zentrum des gesellschaftlichen Lebens machten. So feierte man 1430 mit großem Pomp und Prunk die Hochzeit Philipps des Guten mit Isabella von Portugal, 1486 mit nicht weniger großem Aufwand die Vermählung Karls des Kühnen mit Margareta von York, ein Mammutfest, das Brügge heute alle fünf Jahre beim Umzug des Goldenen Baumes (s. S. 12) neu aufleben lässt.

Mit der **Versandung des Zwin** zum Ende des 15. Jh., des Meeresarmes, der Brügge bis dahin Anschluss an die Weltmeere garantierte, waren im-

---

KURZ & KNAPP

Die Stadt in Zahlen

> **Gegründet:** 1128
> **Einwohner:** 117.000
> **Bevölkerungsdichte:** 847 je km²
> **Fläche:** 138,4 km²
> **Höhe ü. M.:** 2 m
> **Stadtbezirke:** 8

Flanderns Spitze ist spitze

Alte klöppelnde Frauen, verstaubte Trachten, Omas Tischdeckchen - das sind die Bilder, an die man denkt, wenn von „Spitze" die Rede ist, von durchbrochenem Textilgewebe. Die passende Handarbeitstechnik kam im späten Mittelalter auf - und noch heute streiten sich Norditaliener und Flamen, wer die Idee dazu hatte. Stolz zeigen die Belgier heute auf ein Bild von Hans Memling, der anno 1485 einen Priester in einem Chorhemd mit Spitzenschmuck malte.

*Im 16. Jh. begann der Siegeszug der Spitzenmode, Manschetten und Kragen wurden aufwendig verziert. Vor allem bei Europas Fürsten und ihrem Hofstaat genoss die Spitze **als modisches Accessoire große Beliebtheit**. In Gent findet sich noch heute ein Bild, das Österreichs Kaiserin Maria Theresia in einem prunkvollen Kleid aus filigraner Spitze zeigt, das Flandern ihr 1744 zur Amtseinführung schenkte. Zum Dank für das Prunkgewand ließ sich Ihre Majestät vom Maler Martin van Meytens porträtieren und schickte das Gemälde nach Gent, wo es noch heute im Rathaus hängt.*

*Spitze jedenfalls war in dieser Zeit ein echtes **Statussymbol**, mit dem sich nicht nur Frauen, sondern auch der männliche Adel und vielfach auch der Klerus schmückten. Kein Wunder, dass die Preise für handgearbeitete Kleidung und Decken immer mehr ausuferten und auf diese Weise sogar Europas Geldmarkt gefährdeten. Spanien erließ deshalb immer wieder neue Verbote, Spitze zu tragen.*

*Vor allem in Flandern versuchte man, der steigenden Nachfrage nachzukommen. So eröffneten apostolische Schwestern 1717 in Brügge eine der ersten **öffentlichen Klöppelschulen**. Seitdem gehörte es zum guten Ton, Spitze in Heimarbeit zu fertigen. Mit Beginn der **Industrialisierung** aber verlor das Handwerk an Bedeutung und drohte gar auszusterben. Mit Erfindung der Tüllmaschine (1809), die ein Grundnetz herstellte, auf das Ornamente nur noch aufgenäht werden mussten, und der Indienstnahme weiterer Textilautomaten geriet die Kunst des Klöppelns fast in Vergessenheit.*

*Um das alte Handwerk nicht ganz Geschichte werden zu lassen, gründete man 1970 in Brügge das sogenannte **Kantcentrum**, in dem heute das traditionelle Klöppeln fast jeden Nachmittag Besuchern gezeigt und gelehrt wird. Wer einer der Spitzenklöpplerinnen über die Schulter schaut und Gefallen an dieser Arbeit findet, kann dort im Sommer auch einen Workshop besuchen und die alte Kunst des Klöppelns selbst erlernen. Die **erfreut sich seit Kurzem wieder großer Popularität**. So organisierte Brügge Anfang 2009 das mehrmonatige Festival „Spitze & Design", das die kulturelle Bedeutung der Klöppelkunst würdigte. Rasen und Grünflächen wurden mit Spitzenmotiven geschmückt, sogar ein Stadtplan geklöppelt.*

🏠**82** *[II F6]* **Kantcentrum**, *Peperstraat 3a, Brügge, Tel. 050 330072, www.kantcentrum.eu, Mo.-Sa. 10-17 Uhr (nachmittags Klöppelvorführung), Eintritt: 3 €. Mitte 2014 wird das Kantcentrum in die Balstraat 14 umziehen!*

*Einige **empfehlenswerte Spitzengeschäfte** werden auf Seite 82 genannt.*

mer mehr Kaufleute gezwungen, ihre Kontore nach Antwerpen zu verlegen. Auch die burgundische Staatsführung drängte aus wirtschaftlichen Gründen auf den Umzug. Hinzu kamen die **religiösen Wirren des 16. Jahrhunderts,** die der wirtschaftlichen Entwicklung schadeten und Brügge immer neue Besatzer brachten.

Für Jahrhunderte **versank die Stadt in einen Dornröschenschlaf.** Selbst als Belgien selbstständiges Königreich wurde, lebte fast die Hälfte der Bevölkerung Brügges von Almosen und Zuwendungen der Wohlfahrt. „Ein reizendes, kleines katholisches Amsterdam" nannte der Dichter Paul Verlaine damals die Siedlung.

Einen touristischen Aufschwung brachten erst aufwendige Renovierungen. Glücklicherweise überstand die Stadt beide Weltkriege weitgehend unversehrt. Das lag auch an einem deutschen Offizier, der sich weigerte, die Stadt zu beschießen, was den Deutschen in Brügge noch heute Sympathien verschafft. Im letzten Jahrhundert wurde fast alles Barocke aus dem äußeren Stadtbild entfernt und durch Neogotik ersetzt, Millionen von der Meeresluft geschwärzte Ziegel erneuert – ein **Sanierungsprogramm ohne Beispiel,** das die UNESCO schließlich mit der **Ernennung des mittelalterlichen Stadtkerns zum Weltkulturerbe** belohnte.

Mit dem Bau des sogenannten **Boudewijn-Kanals** hat Brügge übrigens seit Anfang des 20. Jh. wieder einen direkten Zugang zur Nordsee.

▷ 't Zand: neben dem Markt
Brügges wichtigster Treffpunkt

Routenverlauf im Stadtplan
Der hier beschriebene Spaziergang ist mit einer farbigen Linie im Stadtplan eingezeichnet.

Erlebenswertes im Zentrum

Für viele Touristen ist der Marsch durch Brügge nur ein längerer Stadtspaziergang. Von Bahnhof oder Busbahnhof aus ziehen die Massen gewöhnlich auf festen Pfaden durch die Stadt. Wer Brügge aber richtig kennenlernen will, wer seine mittelalterliche Atmosphäre spüren will, muss auch einmal nachts durch die Straßen ziehen. Dann kommt auch der morbide Charme der Stadt zum Tragen, der am Anfang ihres touristischen Weges stand.

Stadtspaziergang

Der Citybummler startet seine Tagestour am Hauptbahnhof, wo es, abgesehen von Spitzenzeiten, meist auch genügend Parkplätze gibt.

Vom Bahnhof geht es durch eine Grünanlage zum **Platz 't Zand ⑯,** der auch die Touristeninformation (s. S. 119) beherbergt. Der geschäftigen Zuidzandstraat folgend passiert man Brügges älteste Pfarrkirche, die Kathedrale St. Salvator ㉑. Ein paar Minuten später ist schließlich der Markt ⑰ erreicht, Brügges Herz mit der **Tuchhalle und dem Belfried,** von dem sich ein herrlicher Blick auf die Stadt eröffnet. Nur ein paar Schritte weiter gelangt man in den **ältesten Teil der Stadt** mit der Heilig-Blut-Basilika ⑱ und dem Rathaus ⑲. Beide lohnen einen Zwischenstop, ehe es durch einen schönen Renaissancebogen über eine kleine Brücke zum **Rozenhoedkaai ⑳,** Brügges Schokoladenseite, geht. Hier starten die Boote zur Grachtenfahrt (s. S. 73) und man kann man ein Stündchen auf dem Wasser verschnaufen - mit der Brugge City Card (s. S. 118) übrigens kostenlos.

An der geschäftigen Wollestraat lädt z. B. das Restaurant Erasmus (s. S. 84) zur Mittagspause. Erneut den Markt ⑰ Richtung Stadttheater überquerend und dann am Pommes-Frites-Museum (s. S. 85) vorbei gelangt man zum Jan van Eyck-Plein, einem der **Bilderbuch-Plätze Brügges**. Auch hier laden kleine **Cafés und Bistros** wie das Delisa (s. S. 85) zu einer Verschnaufpause.

An den Grachten entlang wird es langsam ruhiger. Hier rückt ein anderes Brügge ins Bild. Statt Geschäften locken hier **Kirchen** wie das der Heiligen Anna geweihte barocke Gotteshaus am gleichnamigen Platz oder die Jerusalemkerk ㉖. Interessierten Citybummlern sei eine Stippvisite im nahe gelegenen **Museum für Volkskunde** (s. S. 86) ans Herz gelegt, von dem es nicht weit zu den alten Windmühlen (s. S. 17) am Stadtrand ist.

Jetzt aber zurück ins Zentrum, zur Kulturmeile Dijver. Mit dem Gruut-huse- und Groeninge Museum ㉑ liegen hier die **wichtigsten Kulturtempel Brügges** – und ein paar Schritte weiter die Liebfrauenkirche ㉒ mit Michelangelos Madonna. Für Kunstfreunde ist das gegenüberliegende Sankt Jansspital mit den weltberühmten Gemälden Memlings (s. S. 86) ein Muss! Schlusspunkt ist Minnewater ㉓, **Brügges schönster Park** mit dem mittelalterlichen Beginenhof (s. S. 75), der eine Oase der Ruhe ist.

⑯ 't Zand ☆ [II C8]

Der große Platz 't Zand ist eines der wichtigsten Eingangstore zur Innenstadt. Örtlicher Blickfang ist der **Laternenturm**, der 28 m über den Platz in die Höhe ragt und den Kammermusiksaal des **Concertgebouw** (s. S. 85) beherbergt. Das stattliche Konzertgebäude leistete sich Brügge zum Kulturhauptstadtjahr 2002. Im Concertgebouw befindet sich außerdem die Touristeninformation (s. S. 119). Vom 't Zand führt mit der Zuidzandstraat und der anschließenden Steenstraat eine der geschäftigsten **Einkaufsmeilen** direkt zum Markt ⑰. Eine Alternative ist der Weg über die Noordzand- und St. Amandsstraat [II C/D7].

029H Abb.: gs

O30fl Abb.: gs

🕗 Markt mit Belfried und Tuchhalle ★★★ [II D7]

Der Markt ist Brügges zentraler Treffpunkt. Hier finden Gaukler ihr Publikum, warten Kutscher mit Pferden auf Kunden, starten Touristikbusse zu ihren Rundfahrten.

Kein anderer Platz der Stadt ist so belebt, was er vor allem den **vielen kleinen Cafés und Restaurants** an seinen Flanken verdankt. Selbst spätnachts finden sich hier immer noch ein paar Zecher, die erst nach Hause finden, wenn die letzten Kneipen ihre Pforten geschlossen haben.

Mitten auf dem Platz erinnert ein 1887 aufgestelltes **Denkmal** an Jan Breydel und Pieter de Coninck, die anno 1302 beim Aufstand der Brügger Bürger gegen die Franzosen ganz vorne mit dabei waren und deshalb als Volkshelden gelten. Wahrzeichen des Marktes aber ist der 83 m hohe **Belfried (Belfort)**, der die alten Tuchhallen krönt, in jene Textilien gehandelt wurden, welche die Stadt einst reich machten. 366 Stufen führen auf die **Aussichtsplattform**, von der sich einer der schönsten Blicke auf Brügge bietet. Ganz oben ziert den Belfried ein kostbares Glockenspiel („Carillon") mit 47 Bronzeglocken, das noch heute regelmäßig ertönt.

Belfriede wie jener in Brügge gehörten im Mittelalter zu den wichtigsten Profanbauten. Diese schlanken und hohen gotischen Glockentürme wurden in der Regel von den Zünften finanziert und dienten als städtisches Aushängeschild, als Wachturm oder zum Ausrufen öffentlicher Angelegenheiten. Die meisten Belfriede stehen heute unter dem Schutz des UNESCO-Weltkulturerbes, auch der in Brügge. **Historium** (s. S. 86) heißt eine disneyartige Schau in einem anderen Gebäude am Markt, die ebenfalls ins mittelalterliche Brügge führt und ein Gemälde von Jan van Eyck zu neuem Leben erweckt. Geschichtsunterricht mal anders, leider ein bisschen teuer!

❯ **Belfried**, Markt 7, www.brugge.be, tgl. 9.30–17 Uhr (Tickets bis 16.15 Uhr), 8 €

⊡ *Marktplatz mit Belfried und Freiheitsdenkmal* 🕗

EXTRATIPP

Whiskyhuis

Freunde guten Whiskys sollten im Wiskyhuis Station machen, das etwas versteckt in einer Brügger Seitenstraße liegt. Im Keller eines Hauses aus dem 17. Jh. lagern Spezialitäten aus Irland, Schottland, Frankreich, Indien und Japan, die alle auch offen ausgeschenkt werden. Insgesamt sind 350 Sorten im Angebot – und wer nach einem Souvenir sucht, wird hier bestimmt fündig.

> **Whiskyhuis** (s. S. 84),
> www.brugswhiskyhuis.be,
> 10–18.30 Uhr (Di. u. So. geschl.)

045fl Abb.: gs

🔞 Heilig-Blut-Basilika ⋆ ⋆ [II D7]

Die Heilig-Blut-Basilika gilt als **Brügges ältester Sakralbau**, davon aber zeugt heute nur noch die auf massigen Säulen ruhende **Unterkirche**. Graf Dietrich von Elsass ließ sie Mitte des 12. Jh. als Doppelkirche bauen und der Gottesmutter und dem heiligen Basilius weihen, dessen Reliquien dort bis heute verehrt werden. Die **obere Kapelle**, zu der eine schöne Wendeltreppe führt, lässt nur noch wenig von der Romanik spüren. Hier dominieren Renaissance, Rokoko und Neogotik.

Blickfang ist die rechte Seitenkapelle, in der die **Reliquie des Heiligen Blutes** offiziell freitagmittags um 14 Uhr verehrt wird, inoffiziell außer mittwochs auch den Rest der Woche. Jährlich, an Christi Himmelfahrt, wird sie feierlich durch die Stadt getragen (s. Exkurs „Christi Blut bewegt Flandern", S. 70). Die den Originalen des 15. Jh. nachgebildeten Fenster zeigen die Grafen von Flandern, die sich dem Kult um das Heilige Blut besonders verpflichtet fühlten. Ein kleines Museum zeigt religiöse Kunst.

EXTRATIPP

Parken in Brügge

Brügges Innenstadt ist **für Autofahrer ein Albtraum.** Zahllose Einbahnstraßen erschweren den Durchgangsverkehr. Wenn man nicht ein Hotel in der Innenstadt gebucht hat, sollte man deshalb mit dem Auto das Zentrum meiden. In der Stadt selbst ist das Parken auf maximal vier Stunden in der blauen Zone und auf eine oder zwei Stunden in der roten bzw. gelben Zone begrenzt.

Die günstigste Parkmöglichkeit bietet sich im **Parkhaus am Bahnhof** [II C9], wo es über 2500 Parkplätze gibt und ein Pendelbus regelmäßig ins Zentrum fährt. 3,50 € beträgt hier die Park-Höchstgebühr je Tag, sodass man dort seinen Wagen auch über Nacht abstellen kann. Sonst ist Parken meist deutlich teurer!

> Öffnungszeiten und Parktarife:
> www.interparking.com

> Heilig-Blut-Basilika, Burg 13, Tel. 050 336792, www.holyblood.com, April–Sept. tgl. 9.30–12 u. 14–17 Uhr, Okt.–März tgl. 10–12 u. 14–17 Uhr (Museum mittwochnachmittags geschl., 2 €)

Christi Blut bewegt Flandern

Gold und Silber glänzen in der Nachmittagssonne, 30 Kilo Edelmetall, verziert mit mehr als 100 Edelsteinen, Preziosen von unschätzbarem Wert. Anno 1617 fügte sie ein flämischer Goldschmied zu **Brügges prunkvollstem Schrein** *zusammen, zu einem Meisterstück, das im Lauf der Jahre immer kostbarer wurde. So ließ Maria von Burgund ein goldenes Krönchen auf das Kunstwerk setzen, Schottlands Königin Maria Stuart einen schwarzen Diamanten. Fürst Albert I. stiftete einen großen grünen Smaragd, Leopold I. schönste Gemmen.*

Zu Christi Himmelfahrt geht der Schrein in Brügge auf Tour. Er krönt die **traditionelle Heilig-Blut-Prozession,** *mit der die Stadt seit dem Mittelalter ihrer* **wertvollsten Reliquie** *gedenkt: einem* **mit ein paar Blutstropfen Christi gefüllten Flakon,** *mitgebracht von einem Kreuzzug ins Heilige Land. Ein unbezahlbares Souvenir, das seit Jahrhunderten Millionen von Pilgern in die Stadt geführt hat. Am Festtag lebt seine Geschichte ebenso auf wie die Bibel, gewinnen Altes und Neues Testament Gestalt.*

"Die Prozession", heißt es in Brügge, "versucht eine Antwort auf die Frage nach dem Sinn des Lebens zu geben. Jeder verlangt danach, glücklich zu werden. Dieses Glück bezeichnet man, je nach kulturellem Hintergrund, als Nirwana, Himmel oder eben als das Reich Gottes …" Viele Hundert Bürger führen diesen Gedanken Jahr für Jahr vor Augen, Bruderschaften, Orden, Zünfte und Kapitelschulen, die sich seit Jahrhunderten der Prozession verpflichtet fühlen. In gut zwei Dutzend Tableaus zeigen sie - ihren Rollen entsprechend kostümiert - die Heilsgeschichte vom Sündenfall bis zur Auferstehung.

Der biblischen Botschaft folgt der Ausflug in die Geschichte. So verweist der **farbenprächtige Aufmarsch von Zünften und Gilden** *in Pelz, Brokat und Seide auf die Zeiten des Wohlstandes, auf Brügges goldene Ära.*

Blickfang der Prozession sind die Reliquienschreine und die barocke Statue "Unserer lieben Frau vom Rosenkranz", Brügges populärstes Marienbild. Ein kleines Glöckchen im dekorativen Holzrahmen und ein halb herabgelassener Sonnenschirm aus gelber und roter Seide kündigen schließlich die Heilig-Blut-Reliquie an. "Conopeum" und "Tintinnabulum" werden Schirm und Glöckchen liturgisch korrekt genannt, vom Papst verliehene Zeichen, die die Bedeutung der Reliquie unterstreichen.

Die **"Edle Bruderschaft vom Heiligen Blut"** *gibt der Reliquie Geleit: 31 Herren in Schwarz, deren Talar ein Pelikan ziert, der seine Jungen mit dem Blut aus seiner geöffneten Brust füttert, eine ikonografische Signatur für Christi Tod. Nur ehrenwerte Leute dürfen dieser Bruderschaft angehören, Männer, die in Brügge zu Hause sein müssen. Zum Schluss kommen die Gäste des Bischofs, Kleriker aus aller Welt, und natürlich Brügges Ratsherren, die daran erinnern, dass die Reliquie einst nicht der Kirche, sondern der ganzen Stadt geschenkt wurde.*

Die Prozession geht auf ein paar Blutstropfen Christi zurück, die Dietrich Graf von Flandern der Überlieferung nach im April 1150 von einem Kreuzzug mitgebracht haben soll - als persönliches Geschenk Balduins III., des Königs von Jerusalem. Vor dem

Volk der heiligen Stadt und flandrischen Kreuzfahrern, so heißt es, habe
der Patriarch von Jerusalem die Vase
mit dem heiligen Blut Christi genommen, einige Tropfen in eine Phiole aus
Kristall gegossen und sie dem Grafen von Flandern feierlich überreicht.
In der Basiliuskapelle am Burgplatz
fand die Reliquie schließlich Aufnah-
me, vier Kapläne und ein Priester sollen sich um das Geschenk gekümmert
haben. Historiker bezweifeln das und
verweisen auf das älteste Heilig-Blut-
Dokument aus dem Jahr 1256. Sie gehen davon aus, dass die Reliquie erst
um 1230 nach Brügge kam - und
auch nicht aus Jerusalem, sondern
aus Konstantinopel.

Eine Prozession findet erstmals
Ende des 13. Jh. Erwähnung, ab 1303
spricht man von einem „Heilig-Blut-
Umgang", einem Umzug um die alten Stadtmauern, den man schließlich mit dem jährlichen Maimarkt
verknüpfte. Neben den biblischen Szenen, die an Mysterienspiele erinnern,
ergänzte man die Prozession schließlich durch profane Darstellungen. Riesen und andere Figuren fanden ihren
Platz im religiösen Reigen. Als die **re-
liquienfeindlichen Calvinisten** Brügges Regierung übernahmen, brachten
die Katholiken ihre Reliquie in Sicher-
heit. Damals fand für einige Jahre keine Prozession statt.

Umso prunkvoller zeigte sie sich
während der anschließenden Gegenre-
formation, **allegorische Prunkwagen**
gaben ihr ein neues Gesicht. Ende des
18. Jh. zwang die Französische Revolution erneut zu einer Prozessionspau-
se. Im 19. Jh. übernahmen die sieben
Stadtpfarreien mit ihren Bruderschaften und Kongregationen die Träger-

schaft der Prozession, die 1970 schließlich ihren festen Termin am Himmel-
fahrtstag fand.

**Festprogramm (kann sich gelegent-
lich ändern!):**
> 9 Uhr: Eucharistiefeier in der
  Basilika
> 11 Uhr: Pontifikalamt in der
  Kathedrale
> 14.30 Uhr: Beginn der Prozession
> 17.30 Uhr: Segen mit der Heilig-
  Blut-Reliquie am Burgplatz

Die Prozession startet am Burgplatz,
wo sie nach fast drei Stunden auch
endet. Entlang vieler Straßen werden Tribünen aufgebaut, deren Plätze das Tourismusbüro vermietet. Die
Zuschauer sind gebeten, sich beim Nahen des Reliquienschreins von ihren
Plätzen zu erheben und einen Moment
innezuhalten.

042fl Abb.: gs

falls **gotische Schöffengerichtssaal** mit einem prachtvollen Kamin.

Im Erdgeschoss informiert eine kostenlose Multimedia-Schau über die Geschichte des Hauses und der Stadt.

> Brügger Freiamt (Brugse Vrije), Burg 11a, Tel. 050 448711, www.brugge.be/musea, tgl. 9.30–12.30 u. 13.30–17 Uhr (Tickets bis 12 Uhr u. 16.30 Uhr), 4 €

⑳ Rozenhoedkaai ★ ★ ★   [II E7]

Ein schöner Renaissancebogen führt den Besucher hinter das Rathaus über eine kleine Brücke zum **Vismarkt (Fischmarkt)** [II E7]. Dort werden noch immer die Woche über Fische verkauft, doch manchmal sind es nur noch ein oder zwei Anbieter, die hier ihre eisgekühlten Waren auf steinernen Verkaufstischen offerieren.

Vorbei am Haus der Gerberzunft erreicht man den Rozenhoedkaai, den viele wegen seines Stadtpanoramas für die **schönste Stelle Brügges** halten. Vor allem im Sommer ballen sich dort die Massen, zumal hier auch viele Besucher zu ihren Bootsrundfahrten starten (siehe Extratipp „Brügge mit dem Boot"). Vom Rozenhoedkaai ist es nur ein Katzensprung am baumbestandenen Dijver entlang zum Groeninge Museum ㉑ und dem benachbarten **Gruuthuse-Museum** (s. S. 86), einem luxuriösen Stadtpalast, der heute eine städtische Sammlung von Skulpturen, Gemälden, Teppichen, Silber- und Textilarbeiten umfasst.

⑲ Rathaus (Stadhuis) ★ ★   [II E7]

Dort, wo sich die ersten Residenzen der Grafen von Flandern befanden, gleich neben der Heilig-Blut-Basilika, findet sich heute das Rathaus, eines der schönsten und ältesten Flanderns.

Von hier wird Brügge seit vielen Hundert Jahren geführt und verwaltet. Als sein Prunkstück gilt der **große gotische Saal** mit kunstvoller Holzdecke und herrlichen Wandmalereien. Das Rathaus entstand zwischen 1376 und 1420 und fasziniert durch seine reich verzierte Vorderfront mit den Statuen aller flandrischen Grafen.

Im linken Flügel, dem Sitz des ehemaligen Gerichts *(Brugse Vrije)*, ist heute das Stadtarchiv zu Hause. Blickfang ist hier der einstige, eben-

◹ *Brügges Rathaus ist immer eine schöne Festkulisse*

◹ *Grachten-Tour: Brügge von seiner schönsten Seite*

O3.fl Abb.: gs

㉑ Groeninge Museum ⭐⭐⭐ [II D8]

Sechs Jahrhunderte flämischer Kunst werden im sanierten Groeninge Museum präsentiert, insbesondere die weltberühmten Meister altniederländischer Malerei wie Jan van Eyck. Nach gründlicher Renovierung zeigt sich die alte Sammlung in neuem Glanz.

Das Markenzeichen des Museums ist die **Sammlung flämischer „Primitiven"**, wie die Kunstwissenschaft im 19. Jh. die altniederländische Malerei bezeichnete. Zu den gezeigten Meisterwerken gehören Bilder von Hans Memling („Triptychon von Willem Moreel", 1484), Jan van Eyck („Madonna mit dem Kanoniker Joris van der Paele", 1436) oder Hugo van der Goes („Der Tod Mariens", um 1470). Hinzu kommen Barock- und Renaissancegemälde, ausgesuchte Perlen des belgischen Symbolismus und des Expressionismus. Die Kunst der Nachkriegszeit wird meist nur in Wechselausstellungen gezeigt.

› Dijver 12, Tel. 050 448778, www. brugge.be, Di.–So. 9.30–17 Uhr, (Tickets bis 16.30 Uhr) Eintritt: 8 €

EXTRATIPP

Brügge mit dem Boot

„Venedig des Nordens" nennen Touristen Brügge gern. Was also liegt näher, als die Stadt per Boot kennenzulernen. An gleich fünf **Anlegeplätzen** kann man an Bord gehen, die meisten liegen in **der Nähe des Rozenhoedkaais oder der Liebfrauenkirche.** Die rund 30-minütigen Touren führen kreuz und quer durch die **Reien,** wie die Grachten in Brügge heißen – vom Minnewaterpark bis zum J. van Eyckplein.

Die Boote sind in der Regel nicht überdacht, also Wind und Wetter ausgesetzt. Bei Regen werden jedoch Schirme zur Verfügung gestellt. Und eines sollte man immer bedenken: **Kopf einziehen!** Sonst macht man unter Umständen mit einer der vielen mittelalterlichen Brücken unangenehme Bekanntschaft.

Von März bis November verkehren die Boote zwischen 10 und 18 Uhr, den Rest des Jahres je nach Wetterlage (7,60 €, Kinder 3,40 €, kostenlos mit Brugge City Card).

043fl Abb.: gs

㉒ Liebfrauenkirche ★★ **[II D8]**

Mit ihrem **122 m hohen Backstein-turm** ist die Liebfrauenkirche um einiges höher als der Belfried am Markt. 1210 hatte man mit dem Bau begonnen, der im 14. und 15. Jh. großzügig erweitert wurde. Karl der Kühne und seine Tochter Maria von Burgund liegen hier begraben. Daneben finden sich noch eine Reihe berühmter Gemälde im Gotteshaus, die wegen der Lichtverhältnisse nicht immer so zur Geltung kommen, wie sie es verdient hätten – unter anderem zwei Tafelbilder des Kölner Malers Lochner.

Die Massen kommen aber wegen einer kleinen Figur im rechten Seitenschiff, einer Madonna, die eigentlich für den Dom von Siena bestimmt war. Der Brügger Kaufmann Jan van Moscroen aber kaufte das Schmuckstück für 100 Dukaten auf und brachte die marmorweiße, lebensgroße Skulptur nach Flandern. Seitdem hat Brügge einen echten **Michelangelo**, der die **„Madonna mit Kind"** 1503 schuf. Zurzeit wird die Kirche umfassend renoviert, daher kann es sein, dass nicht alle Sehenswürdigkeiten des Gotteshauses immer zugänglich sind.

Gegenüber der Liebfrauenkirche findet sich mit dem Sankt Jansspital eines der ältesten Krankenhäuser Europas. Heute ist die ehemalige Kapelle des Hospitals ein vor allem dem flämischen Maler Hans Memling gewidmetes Museum (s. S. 86). Einen Besuch lohnt auch die alte Apotheke samt Kräutergärten.

> **Liebfrauenkirche,** Mariastraat, www.brugge.be, Mo.–Sa. 9.30–17, So. 13.30–17 Uhr (Tickets bis 16.30 Uhr), 6 €. Der Besuch der Kirche ist kostenlos, die Kunstschätze im Museum und Michelangelos Madonna allerdings sind nur gegen Eintritt zugänglich.

> **Sint-Janshospitaal,** Mariastraat 38, Di.–So. 9.30–17 Uhr, Eintritt 8 €. Die Apotheke ist zwischen 11.45 Uhr und 14 Uhr geschlossen!

⌂ *Nicht nur wegen Michelangelos „Madonna mit Kind" lohnt der Besuch der Liebfrauenkirche*

㉓ Minnewater und Beginenhof ★★ [II D9]

Für die meisten Besucher ist Minnewater nur ein wunderschöner, von Schwänen bevölkerter Wasserpark. Genau betrachtet ist es aber der Anfang eines Kanalsystems, das sich durch die ganze Stadt zieht – besonders abends und früh morgens aber auch ein Plätzchen zum Innehalten.

Über die Dijverbrücke und durch ein hohes klassizistisches Portal betritt man den „Fürstlichen Beginenhof", **Flanderns meistbesuchtes Stift.**

Heute wird es von Benediktinerinnen bewohnt, nachdem 1971 die letzte Begine starb (siehe Exkurs „Beginen"). Gleich neben dem Eingang findet sich ein kleines, als Museum eingerichtetes „Begijnhuisje". Hier kann man sich einen Eindruck davon verschaffen, wie bescheiden die Frauengemeinschaft einst lebte.

Der Beginenhof, ein architektonisches Ensemble kleiner weißer, um einen großen Innenhof gescharter Häuschen, datiert aus dem Jahr 1245. Allerdings stammen die meis-

Beginen

*Beginen führen wie Nonnen ein **eigenständiges Leben in sozialer (Haus-) Gemeinschaft,** die allen Mitgliedern die gleichen Rechte und Pflichten auferlegt. Früher boten sie so vor allem Mädchen Unterschlupf, die sich der Verbindung mit einem ungeliebten Mann entziehen wollten oder keine Mitgift hatten, also zu arm waren, um heiraten zu können. Aber auch Witwen suchten mit Vorliebe den Schutz der Frauengemeinschaften, die in der Regel von einer demokratisch gewählten „Grootjuffrouw" (Großfräulein) geleitet wurden, einer Art Äbtissin.*

*Die ersten Gemeinschaften entstanden Ende des 12. Jh. als Lebensgemeinschaften in der Nähe von Klöstern. Anfangs wurden kleine Häuser oder Wohnungen gemietet, erst später entstanden wie in Brügge oder Gent die von Mauern umgebenen Beginenhöfe. Die Frauen sorgten dabei selbst für ihren Unterhalt und es machte keinen Unterschied, ob sie reich oder bettelarm waren. Alle aber prägte eine große Spiritualität, ein **Leben in Einfachheit und Demut.***

*Der Ausdruck „Begine", so erzählt man in Brügge gern, sei ein Spottname und wurde anfangs zur Charakterisierung der angeblich scheinfrommen Frauen benutzt. Da Beginen im Gegensatz zu Ordensschwestern **kein ewiges Gelübde** ablegten, wurden die Frauen von den Männern verdächtigt, gar nicht so fromm zu sein, wie sie vorgaben. Viele Beginen wurden daher als Ketzerinnen verurteilt, die ganze Bewegung auf Druck deutscher Bischöfe von Papst Clemens V. verboten. 1318 widerrief sein Nachfolger das Verbot, zumindest in Flandern durften die Beginenhöfe weiter bestehen. König Philipp von Frankreich machte die Anlage in Brügge gar zum „fürstlichen Beginenhof".*

Mit der französischen Revolution aber kam für die meisten Beginenhöfe das Ende, nur ein paar überlebten. So gab es anno 1900 noch insgesamt 1500 Beginen in Flandern, heute keine mehr. Ihre einstigen Wirkungsstätten sind längst Zeugnis der Vergangenheit, stehen seit 1998 wie jene in Brügge und Gent unter dem Schutz des UNESCO-Weltkulturerbes.

O44fl Abb.: gs

㉔ Kathedrale St. Salvator ★ **[II D8]**

Neoromanisch zeigt sich heute Brügges Bischofskirche St. Salvator, die älteste Pfarrkirche der Stadt. Zu ihren Schätzen zählen **zahlreiche Gemälde und Gobelins** mit Szenen aus dem Leben Christi, eine Barockorgel aus dem frühen 18. Jh., bischöfliche Grabmäler und ein geschnitztes Chorgestühl aus der Mitte des 15. Jh. Die Rückwand des Gestühls zeigt die Wappen der Ritter vom Goldenen Vlies, die sich hier gelegentlich versammelten. Der 1430 gegründete Ritterorden, ursprünglich auf 30 Mitglieder begrenzt, war der Muttergottes gewidmet und hatte den Apostel Andreas zum Schutzpatron.

Die Schatzkammer der Kirche überrascht mit einmaligen Goldschmiedearbeiten, Gemälden, Handschriften und Textilien. Allerdings muss die Pfarrei einen Kunstraub von 2009 verkraften, bei dem zahlreiche mittelalterliche Kunstgegenstände abhanden kamen.

› **St. Salvatorskatedraal,** Steenstraat,
  Mo.–Fr. 10–13 und 14–17.30,
  Sa. 10–13 u.14–15.30, So. 11.30–12
  u. 14–17 Uhr, Schatzkammer So.–Fr.
  14–17 Uhr

ten der heute noch vorhandenen Bauten aus dem 17. und 18. Jh., z. B. die kleine Barockkirche, die heute anstelle der abgebrannten Originalkirche den Platz schmückt.

Niemand kann sich heute der **Melancholie dieses Ortes** entziehen, der auch im Sommer eine **willkommene Oase der Ruhe** ist. Seine ganze Melancholie aber entfaltet er im Herbst und Winter. Eine Stimmung, die Schriftsteller wie Rainer Maria Rilke oder Charles Baudelaire immer wieder faszinierte. Marcel Proust empfahl den Beginenhof gar als „einzigen Ort auf der ganzen Welt, wo die Atmosphäre vollkommen der notwendigen Trauerstimmung entspricht."

› **Beginenhof,** Begijnhof 1,
  tgl. 6.30–18.30 Uhr, Eintritt frei
› **Museum Beginshuisje,** Mo.–Sa. 10–17
  und So. 14.30–17 Uhr, Eintritt: 2 €

△ *Eingangsportal zum Fürstlichen Beginenhof* **㉓**

(s. S. 84)

EXTRATIPP

Speisen mit Stil bei Patrick Devos (s. S. 84)

Gutes Essen in schicker Umgebung muss kein Vermögen kosten, dafür liefern Patrick und Christine Devos den Beweis. Mitten im hektischen Brügge haben sie in einem mittelalterlichen Palast eine Oase der Ruhe im Art-nouveau-Stil eingerichtet: zwei Salons und einen Wintergarten, der im Sommer um eine schöne Terrasse erweitert werden kann. Ausgesuchte Weine aus aller Welt korrespondieren mit den Menüs des Meisters. Seit Neuestem serviert er auf Vorbestellung auch ein Schokoladenmenü, bei dem er Muscheln, Steinbutt und Kalbfleisch mit verschiedensten Schokosorten kombiniert. Aber auch für Vegetarier gibt es eigens ein Menü.

㉕ Jan van Eyckplein ☆☆   [II D6]

Etwas abseits der touristischen Hauptrouten liegt der Jan van Eyckplein, einer der liebenswertesten Winkel der Stadt.

Er grenzt an den Spiegelrei, den **innerstädtischen Hafenbereich**, weshalb diese Ecke viele Brügge-Besucher nur vom Boot aus kennenlernen. Dabei lohnt sich auch ein kleiner Spaziergang vom Markt **⓱** hierher, mitten durch das mittelalterliche Handelszentrum der Stadt und vorbei an der Grauwwerkersstraat [II D6], an deren Ostende das **Huis ter Beurze** steht. Dieser Prachtbau aus dem 15. Jh. diente der Kaufmannsfamilie van der Beurze – Namenspatin für alle späteren Börsen – als Herberge.

Am Jan van Eyckplein mussten einst die Waren durch den Zoll. Ringsum errichteten Kaufleute und Zünfte ihre **stattlichen Häuser**, die noch heute als Büro oder Wohnung genutzt werden. Mitten auf dem Platz steht das Denkmal des berühmten flämischen Malers Jan van Eyck, der in Brügge starb und dessen bekanntestes Werk, der Genter Altar, in der Sankt-Bavo-Kathedrale **⓯** in Gent zu bewundern ist.

Richtung Nordosten schließt sich der **Woensdagmarkt** an, ein kleines, meist stilles Plätzchen mit einer Statue des Malers Hans Memling, der in der nahen Ägidiuskirche (Sint-Gilliskerk) [II D5/6] begraben liegt.

㉖ Rund um die Jerusalemkirche ☆   [II F6]

In der östlichen Innenstadt liegen mit der Jerusalem- und Sankt-Anna-Kirche zwei spätgotische Juwele. Die **Jerusalemkirche (Jeruzalemkerk)**, die ein italienischer Kaufmann der Stadt „zu Ehren der geheiligten Passion unseres Herrn Jesus Christus

EXTRATIPP

Museum für Schoko-Fans

„Choco-Story" nennt sich eine interessante Privatsammlung im Stadtzentrum, die die Geschichte des Kakaos und der Schokolade dokumentiert. Wer will, kann den Chocolatiers dort auch bei der Pralinenfertigung zusehen. Anschließend darf probiert werden! Im gleichen Gebäude findet sich auch ein Lampenmuseum, mehr als 6000 Gegenstände erzählen die Geschichte der Zimmerbeleuchtung.

❯ **Choco-Story** (s. S. 85)

und seines heiligen Grabes" stiftete, soll an die Grabeskirche in Jerusalem erinnern. Am deutlichsten wird das in der Krypta, in der eine Nachbildung des Christusgrabes steht. Für die Armen ließ der Kirchenstifter nebenan eine Unterkunft errichten, in der zuletzt das Brügger Spitzenmuseum, das sogenannte **Kantcentrum**, untergebracht war.

Ganz in der Nähe findet sich zudem das **städtische Volkskundemuseum** (s. S. 86), acht einstöckige Häuschen, die im 17. Jh. von einer Almosenstiftung für Arme erbaut und später erweitert wurden. Heute gibt das Museum Einblick in alte Handwerkstechniken, aber auch in das ehemalige Alltagsleben. Für eine Pause immer gut ist das **Museumslokal De Zwarte Kat**, das mit selbstgebrautem Bier und anderen Leckereien aufwartet.

Vom Museum aus sind es nur wenige Schritte zur **Sankt-Anna-Kirche**, einem barocken Juwel mit sehenswertem Hochaltar, Beichtstühlen, Kanzel und Chorgestühl.

❯ **Jeruzalemkerk**, Peperstraat, Mo.–Sa. 10–17 Uhr, Eintritt 3 €

ii83 [II F6] **Sankt-Anna-Kirche,** Sint-Annaplein, April–Sept. Mo.–Sa. 10–12 u. 14–17, So. 14–17 Uhr

1 cm = 80 m
0   200 m

Sint-Pieterskaai

Vaarstraat

Sint-Pietersgroenestraat

Krakeleweg

Krakeleweg

R30

Krakele-brug

Vlotkom

Sint-Pieterskaai

4

Sint-Pieterskaai

Pieterskaai

Kolenkaai

R30b

IJzerstraat

Diksmuidestr.

Ter

Pannest.

Watervl.

Walweinstraat

Julius en Maur.

Stübben-kwartier

Sint-

Komvest

Kolenkaai

Nikolaas-Gombert-

Leopold II-

R30

Calvarieberg

Leopold II- Laan

Laan

Mercierstraat

Luikstraat

Werfstraat

Sint- Claradreef

Kardinaal

Fochstraat

Werfplein

Werfstraat

Willem de Dekenstraat

Jamesweale-str.

Clarastr.

Ballestraat

Ezelpoort

Werfstraat

Koningin

Elisabeth-

Vlamingdam

St.-Gillis

Ballestraat

5

Elf-Julistraat

Blokstraat

Biezenstraat

Dominicanessen

Sint-

School

Islamitische Vereniging

Kleine

Annu

Kon. Atheneum

Annuntiatenstraat

St.-Gillisdorpstr.

St.-Jozef-Inst.

St.-G kerk

Ezelpoort

Klaver-

H.S.W.-VI. Dep. Leraren-Opleiding

Kapelstr.

Sint- Clara straat

Biddersstraat

Lange Raamstraat

St.-Gilliskerk

straat

H.P.O. Normaalschool

Maagdendal

Noord-Gistelhof

Sterstraat

Joseph Ryelandtzaal

Schutterstr.

Kalkovenstr.

Schrijversstraat

West-

Hoedenmakersstraat

Kl. Hoeden-makersstr.

Gistelhof

Gouden-

Toren-brug

Gou

Achiel van Acker Plein

Hugo Losschaertstraat

Jan Miraelstraat

Oost-

Ezel-

Orthod. Kapel St.-Helena en Constantin

Jan Boninstraat

Karmelieten-kerk

Augustijnen-

Het brug Spookhuis

Spaanse Loskaai

Oosterlingen-Plein

Kromgen

Gou

6

224

Raamstraat

Siedestr.

Kapstraat

Poitevinstraat

Pottenmakersstraat

Augustijnenrei

Vlaming-brug

Kortewinkel

Rode Haanstr.

Spanjaardstraat

St.-Franciscus Xaverius

Woensdag-markt

J. van Eyck-plein

J. van Eyckplein

Markt

Beginen-hof ★

Handels-kamer

Ezelbrug

Zakstr.

Grauwwerkers

Pieter Pourbusstr.

Huis Ter Beurze

straat

98

81

Vlamingstraat

Academiestr.

Biskajers-plein

Choco

107

Gieterij-

30

Handels-kamer

79

Sint-Jakobs-kerk

Oude Zak

Hof van Bladelin

Vrije Evang. Kerk

Kuipersstraat

108

106

Kraanrei

Sint-Jans-

Sint-Jakobs-plein

Boterhuis

Cinema Schouwburg

A.Willaertstraat

Kraan-plein

Van Oost

Sint-Jans-

Leelwst.

Pater

Eur

C   D

Fort Lapin

Havenstr.

Handelskom

Noorweegse Kaai

Kanaal van Brugge naar Sluis

Damse Vaart-Zuid

Dampoort

Buiten de Dampoort

Sasplein

Sasplein

Zuidervaartie

4

Komvest

's-Gravenstraat

Wulpenstraat

Lange Rei

Potterierei

Buiten

Dampoortstraat

Kruisvest

Paradijsstraat

Stokersstraat

Haarakkerstraat

Koele-
weimolen

Kanaal van Gent naar Oostende

Potterie-
museum

Peterseliestraat

Leestenburg

Oost-Proosse

Langerei

Potterierei

O.-L. Vrouw
ter Potterie

Papegaaistraat

R30

Duinen-

Grootseminarie

Universiteit van de
Verenigde Naties

De Nieuwe
Papegaai

5

Maurits Sabbestraat

Nieuwstraat

Oliebaan

Hemelrijk

Kazerne

St.-Jans-
Huismolen

Gotje

K.M.P.I.

Gotje

straat

Kruisvest

Snaggaard-
brug

Snaggaard-

Speelmansst.

**Engels
Klooster**

**Schuttersgilde
St.-Sebastiaan**

Langerei

Roperdstraat

Carmersstraat

Rolweg

Gazellemus.

straat

Verriest-

St.-Gilliskoor-
straat

Gouden-
Handbrug

Rijkepijn stra.

Elisabeth Zorghestraat

Potterierei

Vers str.

Sint-Leo-
College

Korte Riddersst.

Korte
Raamstr.

**Mus. v.
Volkskunde**

Hugo

Albrecht
Rodenbachstr.

Streuvelsstraat

**Gezelle
kwartie**

Kadaster

Carmers-
brug

Carmersstraat

Jeruzalemstraat

Korte
Raamstr.

Comm.
Evang. ▲
95

112 M ℹ

83 ℹ

**Jeruzalem-
kerk**

82 ▲

Peperstraat

185 ●
@ 200

Genthof

St.-Anna

Koningsbrug

Sint-Annarei

Strostraat

St.-Anna-
plein

St.-Annakerk

Kant-
centrum

26

Rodestraat

225
**Gerechts-
hof**

Spiegelrei

St.-Walburgakerk

Sint-Annarei

Sint-Annabrug

St.-Anna-
kerkstr.

78

Korte
Annast.

Jozef Suveêstr.

Timmermansstr.

Langestraat

Koopmansstraat

Boomgaardstraat

Verversdijk

Leffingestraat

Molen

Nieuwland

86 ▲

Balsemboomstraat

E

81

F

78

1 cm = 80 m
0   200 m

Europa-College

Pater Damiaanstr.
Oude Zak
Leeuwen-brug

...straat
Bollaardstr.
Beenhouwerstraat
Kleine Kuipersstraat
Mortierstraat
Hoef..straat
Spelmans-kapel
Korte Lane
Sleutel-brug

7
Hoeftizerlaan
Zevensterrestraat
Zwijnstraat
...straat
Steenheestr.
Moer...str.
Haanstraat
Wulfhagestraat
Giststr.

Jakobsstraat
Geerwijnstraat
Conservatorium
Prinsenhof 229
Ontvangers- Prinsen-straat -hof
Noordzandstraat
Helmstraat

Naalde
Kuipersstraat
13
Geldmuntstraat
Korte Zilverstraat
St.-Amandsstr.
Kl.
Korte Zilverstraat
Sint-Amandsstraat
Markt 17
Eiermarkt
89 J. Breydel
& P. de Conick
110

Niklaas
Desparsstraat
Sint-Niklaasstraat

88
93
Philipstockstraat
Provinciaal
Hof 85
195 Proosdij
Breidelstraat
Belfort
Basiliek
van het
Heilig Bloed 18
Wollestraat
Burg
230

Sint-Jozef
Zilverstr. Kemelstr.
102
Steenstraat
Loppemstraat
Simon
Stevin
Plein

Hof van
Oude Watervliet
Nieuwstraat
Kartuizerinnenstr.
Kartuizerinnen-kapel
Europa-College

C

VTI School
Smedenstraat
101
't Zand
Zuidzandstraat
100
16
75
Vrijdagmarkt

Sint-Salvators-kathedraal 24
Salvatorskerkhof
Sint-Lendestr.
Korte Vuldersstr.
Hoogste
Oranjeboomstr.
van Brugge
Goezeputstr.

St.-Franciscus
Xav.Inst.
111
Heilige-Geeststraat
Piperstraat
Maria-straat
Bisdom
Bruggemus.-Archeologie
O.-L-
Vrouwkerk 22

74
St.-Francx.Inst.
Grouthusestraat
109
Grouthuse-museum 21
Guido Gezelleplein
92
91
Arents-huis
Dijver

Beurshalle
208 231
Capucijnen-klooster
Klokstr.
Sint-Godelieve-abdij
Fontein-straat
Boeveriestraat
Hauwerstraat
Globus-str.
97
105
Concert-gebouw
182
Sint-Jan
in de Meers
Bakkersstraat
Kool-brandersstr.
Sint-Obrechtsstr.
Westmeers
Oud St.-Jans-Hospitaal
Memling-museum
T.D. Stad Brugge
K.H.B.O.
Zonnekemeers
99
5
Walplein
90

8

Katelijnestraat
Maria-brug
Kastanjeboomstraat
Stoofstr.
12
Walstraat
Diamant-museum
Academie
Schone Ku..

Dumery Klok
Vrij Techn.
Instituut

Koning Albert I-Laan
Oostmeers
Garsoen-
Eiland

Begijnhof
94
23
Begijnhof-kerk
Wijngaardstraat
Wijngaard
Plein
Sted.
Academie
S.N.T.
Arsenaalstraat

Koning Albert I-Laan
Begijnevest
Buiten Begijnenvest

Prof. Dr. J. Sebrechts straat
Rustoord
Minnewater
Begijnevest

Minnewater
Minnewater-park

9

Stations-plein
199
Station Brugge
Ketsbruggestraat
R30
B...str.
Hendrik Pulinx..
Barge...

C   **D**

Nützliche Adressen

Einkaufen

Brügge kennt keine riesigen Einkaufszentren wie Antwerpen oder Gent. Dafür finden sich vor allem entlang der wichtigen touristischen Achsen wie Steenstraat [II D7] oder Noordzandstraat [II C7] viele kleine Läden, deren Angebot oft ganz auf Touristen abgestellt ist. So gibt es **zahlreiche Bier- und Schokoladenläden**, in denen man immer das eine oder andere Souvenir finden kann.

Die größten Supermärkte finden sich übrigens alle außerhalb des Stadtzentrums. Frische Lebensmittel wie Obst und Gemüse gibt es mittwochs (8–13 Uhr) auf dem Marktplatz, samstags (8–13 Uhr) auf dem Platz 't Zand.

Ausgefallene Einkaufsideen

🛍84 [II E7] **2be,** Wollestraat 53, Tel. 050 611222, www.2-be.biz, tgl. 10–19 Uhr. Großer Laden mit noch größerer Auswahl an belgischen Bieren, Schokolade und anderen flämischen Souvenirs.

🛍85 [II D7] **De Struise Brouwers,** Burg 15, Tel. 0495 288623, tgl. 9.30–12.30 Uhr und 13.30–19.30 Uhr. Für alle, die ausgefallene Flaschenbiere suchen. Drei Sorten gleich im Ausschank vom Fass.

🛍86 [II F6] **Den Elder,** Langestraat 84, www.denelder.be, Tel. 050 341829, Mo.–Mi. u. Fr./Sa. 10–18.30 Uhr. Stadtbekannter Secondhandladen: alte Bücher, DVDs, Schallplatten und Comics.

🛍87 [II E7] **Depot D'O,** Ridderstraat 21, Tel. 04 95236595, www.depot.be, Mo. 14–18, Do.–Sa. 14–18 Uhr. Trödel und Antiquitäten, Kunst und Kitsch ...

🛍88 [II D7] **Eyewear Shop Hoet,** Vlamingstraat 19, Tel. 050 335002, www.hoet.eu, Mo.–Fr. 9–18.30, Sa. 9–18 Uhr.

Empfehlenswerte Spitzengeschäfte

Ein Großteil der in Flandern angebotenen Spitzen-Ware kommt heute aus Fernost und wird maschinell hergestellt. Wer sicher gehen will, sollte deshalb eines der Fachgeschäfte aufsuchen. Allerdings sollte man wissen, dass belgische Handarbeit auch ihren Preis hat.

🛍93 [II D7] **Kantjuweeltje,** Philipstockstraat 11, Tel. 050 334225

🛍94 [II D8] **Lace Paradise,** Wijngaardstraat 18, Tel. 050 341433

🛍95 [II F6] **'t Apostelientje,** Balstraat 11, Tel. 050 337860, www.apostelientje.be

Brillenmode aus Titanium oder Büffelhorn für Trendsetter. Elton John und Bill Gates waren schon da ...

🛍89 [II D7] **Frederiek van Pamel,** Eiermarkt 3, www.frederiekvanpamel.be, Tel. 050 344480, Di.–Sa. 10–12.30 und 13.30–18.30 Uhr. Exklusiver Blumenladen: Gestecke und florale Accessoires.

🛍90 [II D8] **Käthe Wohlfahrt,** Walplein 12, Tel. 050 330604, www.wohlfahrt.com, Mo.–So. 10–18 Uhr. Brügger Zweigstelle des deutschen Weihnachtsausstatters. Im Angebot: Nussknacker, Teddybären, Christbaumschmuck usw.

🛍91 [II D8] **Museumshop Arentshof,** Dijver 16, Tel. 050 448736, Di.–So. 10–18 Uhr. Brügges populärster Museumshop: Schmuck, Poster, Bücher, Krawatten, Papierwaren, Museumsspiele.

🛍92 [II D8] **The Bear Necessities,** Groeninge 23, Tel. 050 341027, www.thebearnecessities.be, Di.–So. 10–17 Uhr. Teddybären in allen Größen und Varianten.

▣73 [II D7] **Whiskyhuis**, Cordoeaniersstraat 4, Tel. 050 332220, www.brugs whiskyhuis.be, 10–18.30 Uhr (Di. u. So.geschlossen). Reiche Auswahl an Whisky für jeden Geschmack (s. S. 69).

Märkte in Brügge

▣74 [II D8] **Floh- und Antiquitätenmarkt am Dijver und Vismarkt**, Sa./So. und feiertags 10–18 Uhr (15.3.–15.11.), Juni–Sept. auch freitags

▣75 [II C8] **Zandfeesten**, 't Zand. Flanderns größter Flohmarkt findet monatlich im Sommer statt, meist am ersten Juli- und Ausgustsonntag sowie am letzten im September.

EXTRATIPP

Essen mit Aussicht

⊙70 [II E7] **Wine Dine Pergola Kaffee** €€€, Meestraat, Tel. 050 447650, www.restaurantpergola.be, Do.–Mo. 12–23 Uhr. Restaurant mit schönem Grachtenblick. Internationale Küche. Wochentags wird ein preisgünstiger Businesslunch angeboten, bei gutem Wetter lockt die große Freiluftterrasse.

Für den späten Hunger

⊙71 [II E7] **'t Gulden Vlies** €-€€, Mallebergplaats 17, Tel. 050 334709, www.tguldenvlies.be, Mi.–So. 19–1 Uhr. Versteckt liegendes Mini-Restaurant, in dem sich auch nach Mitternacht noch dinieren lässt.

Dinner for One

⊙72 [II E7] **Restaurant 't Pandreitje** €€€, Pandreitje 6, Tel. 050 331190, www. pandreitje.be, Mo.–Di. u. Fr.–Sa. 12–14 u. 18–22 Uhr. Sehr elegantes Restaurant, in dem Patron Guy Van Neste seine Frischeküche zelebriert. Feinste Weine begleiten jeden, der sich hier kulinarisch verwöhnen lässt. Reservierung angeraten!

Gastronomie

Restaurants

⊙76 [II E7] **Erasmus** €€, Wollestraat 35, www.brasserieerasmus.com, Tel. 050 335781, tgl. 12–22.30 Uhr. Zentral gelegenes Restaurant mit guter regionaler Küche, zum Teil stammen die Zutaten aus dem eigenen Garten. Auch im Angebot: 250 verschiedene Flaschen Bier, dazu 12 Sorten vom Fass.

⊙77 [II C7] **Restaurant Patrick Devos** €€€, Zilverstraat 41, Tel. 050 335566, www.patrickdevos.be, Mo.–Fr. 12–13.30 u. 19–21 Uhr, Sa. 19–21 Uhr. Im schicken Art-nouveau-Ambiente werden die Gäste mit ständig wechselnden Menüs aus frischen Zutaten verwöhnt.

⊙78 [II E6] **Sint Barbe** €, Sint-Annaplein 29, www.sintbarbe.be, Tel. 050 330999, Do.–Mo. 11.30–14.30 und 18–22 Uhr. Sympathisches, familiengeführtes Restaurant gegenüber der Annakirche, besonders schön sitzt man im ersten Stock. Preiswerter Mittagslunch.

Für den kleinen Hunger und Geldbeutel

⊙79 [II C6] **De Bretoen** €, Ezelstraat 4, Tel. 050 345425, Mi.–Mo. 11.30–19 Uhr. Bei Brügges bestem Pfannkuchenbäcker sind rund 60 gefüllte und süße Pfannkuchen im Angebot, die immer ganz frisch vor den Augen der Gäste zubereitet werden.

⊙80 [II D7] **Het Dagelijks Brood** €-€€, Philip Stockstraat 21, Tel. 050 336050, www.lepainquotidien.com, tgl. Mo.–Sa. 7–19, So. 8–18.30 Uhr. An großen Holztischen gibt es leckere Salate und Gemüsetorten. Die Zutaten stammen meist aus biologischem Landbau.

⊙81 [II D6] **Trium Trattoria** €, Academiestraat 23, Tel. 050 333060, www. trattoriatrium.be, Di.–So. 9–21 Uhr.

Kleine Trattoria, bei der man den Pizzabäckern durchs Schaufenster beim Teigrollen und Nudelmachen zusehen kann. Preiswerter ist es, die Gerichte mitzunehmen.

Vegetarische Küche

❷96 [II H6] **De Lotus** €, Wapenmakerstraat 5, www.lotus-brugge.be, Tel. 050 331078, Mo.–Fr. 11.45–14 Uhr. Mit täglich wechselnden Stammessen *(Dagschotels)* punktet dieses kleine Restaurant seit über 25 Jahren.

Cafés

☕97 [II C8] **Café im Concertgebouw** (s. S. 85), 't Zand 34, Tel. 05 0476999, www.concertgebouw.be, Di.–Sa. ab 11 Uhr. Modernes Bistro-Café im Konzertgebäude. Belegte Brote, Snacks, Kuchen, Quiches und Tagessuppen.

☕98 [II D6] **Delisa**, Jan van Eyckplein 7, Tel. 05 0340989, www.delisa.be, Fr.–Di. 9–18 Uhr. Espressobar mit Terrasse für Frühstücks- und Kaffee-Freunde. Feiner Tee und Schokolade.

☕99 [II D8] **Teesalon De Proeverie**, Katelijnestraat 6, Tel.050 330887, www.deproeverie.be, Di.–So. 9.30–18 Uhr. Hausgemachte Kuchen, Scones, Schokolade, Milchshakes und im Sommer hervorragendes Eis!

Nachtleben

❂100 [II C8] **Joey's Café**, Zuidzandstraat 16a, Tel. 050 341264, Mo.–Sa. ab 11.30 Uhr bis spätabends. Jazz- und Blueskneipe mit Livemusik. Manchmal spielt der Chef selbst mit seiner Cajun-Band.

❂101 [II C8] **Ma Rica Rokk**, 't Zand 6, Tel. 050 332434, www.maricarokk.be, tgl. ab 19.30 Uhr. Techno-Disco mit jungem einheimischen Publikum.

❂102 [II D7] **'t Brugs Beertje**, Kemelstraat 5, Tel. 050 339616, www.brugsbeertje.

be, Do.–Di. 16–1 Uhr (Wochenende bis 2 Uhr). Brügges populärstes Bierlokal mit über hundert Sorten im Ausschank, teils vom Fass.

❂103 [II E7] **Wijnbar Est**, 34, Braambergstraat 7, Tel. 050 333839, www.wijn barest.be, Do.–Mo. ab 16 Uhr. Hier werden Käse und Wein bei jazziger Hintergrundmusik serviert, sonntagabends gewöhnlich mit Livemusik. Rund 100 Weine locken zum Probieren.

Theater und Konzerte

♫104 [II A9] **Cactus Muziekcentrum**, Magdalenastraat 27, Tel. 050 332014, www.cactusmusic.be. Kleines Konzerthaus mit großem Namen, die erste Adresse für zeitgenössische und Weltmusik. Auch das renommierte Cactus Music Festival im Juli (s. S. 13) wird hier organisiert.

♫105 [II C8] **Concertgebouw**, 't Zand 34, www.concertgebouw.be, Ticket-Tel. 070223302. Mit einem intimen Kammermusiksaal und einem großen Konzertsaal verfügt das moderne Gebäude gleich über zwei Bühnen, die regelmäßig bespielt werden. Auf dem Programm stehen Theater, Konzerte und Ballett.

♫106 [II D6] **Stadsschouwburg**, Vlamingstraat 29, Ticket-Tel. 050 443060, www.ccbrugge.be. Gastspieltheater mit breitem Angebot.

Museen und Galerien

🏛107 [II D6] **Choco-Story**, Wijnzakstraat 2, Tel. 050 612237, www.choco-story.be, tgl. 10–17 Uhr (Tickets bis 16.15 Uhr), 7 €, Kinder 4 €. Das Schokoladenmuseum in Brügge führt durch die Geschichte der süßen Versuchung.

🏛108 [II D6] **Frietmuseum**, Vlamingstraat 33, www.frietmuseum.be, Tel. 050 340150, tgl. 10–17 Uhr, 6 €, Kinder 4 €.

Nützliche Adressen

In einer mittelalterlichen Halle erzählen rund 400 Exponate Pommes-frites-Geschichte. Filme geben Einblick in die mehr als tausendjährige Kartoffelgeschichte und die richtige Frittenwerdung. Und selbstverständlich gehört auch ein Imbiss zum Museum, ein „Friturist" serviert im Keller feinste Kartoffelstäbchen.

❷❶ [II D8] **Groeninge Museum,** Brügge. Werke aus sechs Jahrhunderten flämischer Kunst, insbesondere die Meisterwerke der altniederländischen Malerei (van Eyck, Memling usw.), machen das nach langer Renovierung in neuem Glanz erstrahlende Groeninge Museum zu einer wahren Schatzkammer.

🏛**109** [II D8] **Gruuthuse-Museum,** Dijver 17, Tel. 050 448711, Di.–So. 9.30–17 Uhr, 6 €. Hinter spätmittelalterlichen Mauern präsentieren sich Skulpturen, Möbel, Keramiken, Wandteppiche und andere Einrichtungsgegenstände von kunsthistorischem Wert neben einer kleinen Münzkollektion.

🏛**110** [II D7] **Historium Brügge,** Markt 1, www.historium.be, Tel. 050 270311, tgl. 10–18 Uhr, 11 €. Das neue Museum lässt den mittelalterlichen Zauber der Stadt wieder aufleben. Filme und Spezialeffekte erlauben dem Betrachter eine Reise in das Brügge des Jahres 1435. Nachgebaut wurde auch das Atelier des einst in der Stadt lebenden Malers Van Eyck.

🏛**111** [II D8] **Sint-Janshospitaal (Sankt Jansspital),** Mariastraat 38, Tel. 050 448686, Di.–So. 9.30–17 Uhr, Apotheke 9.30–11.45 u. 14–17 Uhr, 8 € (inkl. Audioguide). Eines der ältesten mittelalterlichen Hospitäler bietet heute flämischer Kunst Platz, die in den restaurierten ehemaligen Krankensälen gut zur Geltung kommt. Sehenswert ist auch die komplett erhaltene Apotheke mit Kräutergarten im benachbarten Bruderkloster. Sechs Originalbilder des flämischen Malers Hans Memling aus dem 15. Jh., darunter der sogenannte Ursula-Schrein, seine wohl berühmteste Arbeit, befinden sich in der Korneliuskapelle. Die Bildlegende erzählt die Geschichte der heiligen Ursula – eine grausame Geschichte, die vor den Toren Kölns mit ihrer und der Ermordung von elftausend Jungfrauen endet. Kunstkenner verblüfft dabei immer wieder, wie genau Memling das Panorama der rheinischen Domstadt wiedergegeben hat.

🏛**112** [II F6] **Museum voor Volkskunde (Volkskundemuseum Brügge),** Balstraat 43, www.museabrugge.be, Tel. 050 448711 Di.–So. 9.30–17 Uhr, 4 €. Acht Häuschen aus dem 17. Jh. geben Einblick in das Leben von früher. Zu sehen sind neben einem alten Schulzimmer, eine Apotheke und eine Zuckerbäckerei. Das Museumsrestaurant lädt zur Einkehr.

Gent

003ff Abb.: gs

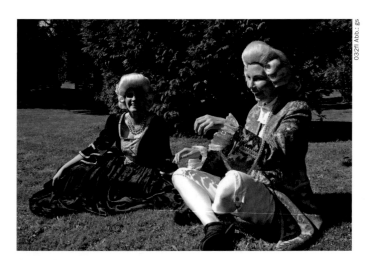

03zfl Abb.: gs

Gent entdecken

Am Zusammenfluss von Leie und Schelde, den beiden wichtigsten flämischen Flüssen, liegt die Stadt Gent. Daran erinnert bis heute auch ihr keltischer Name „Ganda", was so viel wie „Zusammenfluss" bedeutet. Stahl- und Automobilindustrie sind hier ebenso zu Hause wie zahlreiche Garten- und Blumenbetriebe, die rund 80 % aller Grünpflanzen Belgiens erzeugen. Rund eine viertel Million Einwohner zählt Gent heute, hinzu kommen mehr als 60.000 Studenten. Keine andere belgische Stadt fühlt sich so jung an.

Das Genter Stadtpanorama mit seinen Kirchen und Türmen aus Gotik, Renaissance und Barock gilt als eines der schönsten Flanderns, seine Museen als die modernsten der Region. Außerdem reklamiert man die größte Fußgängerzone des Landes für sich und mit Burg Gravensteen eine der wichtigsten mittelalterlichen Burgen Europas.

Geschichte

Ob schon die Römer auf Genter Boden siedelten, ist umstritten. Klar ist nur, dass Graf Balduin I., den sie wegen seiner Kampfeslust nur den „Eisenarm" nannten, hier um die erste Jahrtausendwende eine Burg errichten ließ. Eine bekam den Namen des heiligen Bavo, der heute der Schutzpatron des Genter Bistums ist.

Schon früh verfügte die Stadt über das sogenannte **Stapelrecht,** war also berechtigt, beim Warenumschlag Steuern zu erheben. Der große Reichtum kam jedoch mit der **Tuchproduktion.** Mit rund 65.000 Einwohnern gehörte Gent **im 14. Jh. neben Paris zu den größten Städten nördlich der Alpen,** regiert von Patriziern,

◸ *Wie überall in Belgien schlüpft auch manch Bürger Gents an Festtagen in historische Kostüme*

◁ *Vorseite: Sommerfreuden an der Graslei* **㉟**

die mit den flandrischen Grafen und ihren französischen Verbündeten gemeinsame Sache machten – zum Unmut der Zünfte freilich, die nach mehr Unabhängigkeit strebten. Vor allem als die Einfuhr englischer Wolle gestoppt wurde, von der Gents Tuchindustrie abhängig war, verbündeten sich die Genter mit den Engländern gegen Frankreich. Doch langfristig war der Aufstand von keinem Erfolg gekrönt.

Anno 1500 kam **Kaiser Karl V.** in Gent zur Welt, der seine Heimatstadt gern zur Weltmetropole gemacht hätte. „Ich glaube nicht", schwärmte Erasmus von Rotterdam damals nach einem Besuch der Stadt, „dass in der ganzen Christenheit eine Stadt in Größe und Macht, politischer Organisation oder der Art ihrer Bewohner, dem Vergleich mit Gent standhält." Doch es kam anders. Weil Gent seinem Kaiser die Mittel zur Finanzierung seiner Kriege verweigerte, bestrafte dieser die Stadt. Privilegien wurden abgeschafft, die Abtei St. Bavo geschleift. Zwar blühten zur burgundischen Zeit Kunst und Kultur wieder auf, Albrecht Dürer fand Gent deshalb eine „große und wunderbare Stadt", auf Dauer aber war ihr **wirtschaftlicher Niedergang besiegelt**.

Erst im 18. Jh. sollte sich das Blatt wenden. Mithilfe englischer Spinnmaschinen wurde Gent zum „**Manchester des Kontinents**". Das Klap-

pern der Webstühle, erzählen sich die Einheimischen noch heute, habe schließlich zum Dehnen der Laute beigetragen und so dem Genter Dialekt seinen Stempel aufgedrückt. Mit der Industrialisierung kam der Wohlstand zurück, mit den neuen Maschinen aber wuchs auch die Unzufriedenheit der Arbeiter, die sich ausgebeutet, schlecht bezahlt und sozial nicht abgesichert fühlten. Die Folge war das Entstehen einer Arbeiterbewegung, die Gründung von Gewerkschaften und Parteien. Der **rebellische Geist der Genter,** der sich schon im Mittelalter gezeigt hatte, fand so im Industriezeitalter seine Neuauflage.

Heute gilt Gent als **eine der belgischen Vorzeigestädte.** So wurden große Teile der Altstadt in den letzten Jahren saniert und neuer Raum für Fußgänger und Citybummler geschaffen. Mit dem modernen Stadtmuseum ❸❾ setzte man Maßstäbe in der Museumslandschaft, mit der neuen Stadthalle ein architektonisches Ausrufezeichen. Zu einem der größten belgischen Straßenfeste haben sich inzwischen die „Geentse Feesten" entwickelt, die jedes Jahr mehr Touristen anziehen.

Erlebenswertes im Zentrum

In Gent trifft Tradition auf Moderne. Zwei Stadtteile spiegeln diese Symbiose wider: die historische Altstadt zwischen Burg Gravensteen und Bavo-Kathedrale auf der einen und das Kunst- und Museumsviertel mit der Universität auf der anderen Seite. Beide verbindet die Veldestraat, Gents wichtigste Einkaufsachse. Einen Besuch sind beide Viertel wert und sie lassen sich auf einem ganztägigen Spaziergang erobern.

KURZ & KNAPP

Die Stadt in Zahlen
> **Gegründet:** 10. Jahrhundert
> **Einwohner:** 247.000
> **Bevölkerungsdichte:** 1585 je km²
> **Fläche:** 156,18 km²
> **Höhe ü. M.:** 10 m
> **Stadtbezirke:** 14

Gent entdecken

Routenverlauf im Stadtplan
Der hier beschriebene Spaziergang ist mit einer farbigen Linie im Stadtplan eingezeichnet.

Stadtspaziergang
Am besten startet man den Rundgang im **historischen Teil Gents.** Zum Beispiel am Korenmarkt ㉚, einem der wichtigsten Verkehrsknoten der Stadt. Dem Hlg. Nikolaus ist die mächtige Kirche am Platz gewidmet.

Über die Brücke Richtung Westen liegt das nächste religiöse Bollwerk, die Kirche St. Michael ㊱. Von der Brücke bietet sich die schönste Sicht auf **Gents Skyline,** was sich Fotofreunde merken sollten. Auch ein paar Schritte weiter verwöhnt Gent mit Bilderbuch-Ansichten: Korenlei und die gegenüberliegende Graslei ㉟ gehören zu **Europas schönsten Uferpromenaden.** Hier pulsiert das Leben, vor allem im Sommer, wenn sich die Menschen in den **Cafés und Restaurants** mit Freiluft-Terrassen drängen. Frischer Wind hat nach gründlicher Sanierung auch in der Gegend gegenüber der Burg Gravensteen ㉞ Einzug gehalten, wo sich jetzt kleine und große Geschäfte, Cafés und die Touristik-Information (s. S. 119) finden. Die Burg selbst ist **Pflicht für alle Mittelalter-Fans!**

Entlang der Kraanlei ㉝ geht es ins **Szeneviertel Patershol** mit engen Gassen, Boutiquen und Restaurants, die vor allem abends Ziel der City-bummler sind. Die Zuivelbrugstraat führt zur „Dulle Griet", einer tonnenschweren Kanone aus dem Mittelalter, die heute gern als Fotokulisse dient. Von hier ist es nur noch einen Katzensprung zum Vrijdagmarkt ㉜, **Gents großem Marktplatz.**

Über die Kammer- und Belfortstraat gelangt man zur Saint-Baafsplein ㉘, den Belfried ㉙ und die Kathedrale St. Bavo mit dem weltbekannten Genter Altar ㉗ säumen. Hinter dem Turm ist die neue Stadthalle der Blickfang.

Wer Lust auf das **studentische Gent** hat, vor allem aber auf einen **Einkaufsbummel,** zieht durch die Mageleinstraat weiter Richtung Süden. Hier finden sich die wichtigsten Shopping-Straßen.

Schließlich wird **Kultur ganz groß geschrieben:** Das Stadtmuseum ㊴ ist unbedingt einen Besuch wert. Nur etwas weiter, nach einem Streifzug durch den Citadelpark, findet man zwei weitere kulturelle Perlen Gents: das Museum für Schöne Künste ㊶ und das Museum für zeitgenössische Kunst ㊷.

Vorbei an der Peterskirche ㊵ und durch die Veldestraat gelangt man schließlich **zurück in die Altstadt.** Fußfaulen nimmt es niemand übel, dafür die Straßenbahn zu nutzen.

(s. S. 119)

EXTRATIPP

Gent mit dem Boot
Statt zu Fuß lässt sich das alte Gent auch vom Wasser aus entdecken. Die knapp einstündigen Bootsfahrten stehen täglich zwischen 10 und 18 Uhr (im Winter 11–17 Uhr) auf dem Programm. Verschiedene Anbieter starten an Kraanlei, Korenlei und Graslei (ab 6,50 €).

Gemütlicher geht es bei Viadagio zu. Hier wird man wie in Venedig von einem Bootsmann per Muskelkraft durch die Grachten kutschiert. Und ähnlich hoch wie in Venedig sind dann auch die Preise: 135 € für 6 Personen.
> www.debootjesvangent.be
> www.viadagio.be

㉗ St. Bavo (St. Baafs-kathedraal) ★★★ [III F5]

St. Bavo ist neben Burg Graven-steen die wichtigste touristische Anlaufstation Gents. Das verdankt die Kathedrale vor allem dem weltberühmten Genter Altar, um den sich viele spannende Geschichten ranken (s. S. 92) und der als eines der Meisterwerke flämischer Malerei gilt.

Von der romanischen Ursprungskirche – der heutige Chor stammt aus dem 14. und 15. Jh., der spätgotische Turm und das Hauptschiff aus den beiden folgenden Jahrhunderten – ist heute noch die **sehenswerte Krypta** aus dem 12. Jh. erhalten. Beeindruckend sind ihre Schlichtheit und die wenigen Fresken an den weißen Wänden. Unter anderem findet sich hier auch ein Jakobspilger auf dem Weg nach Santiago de Compostela, was beweist, dass Gent einst auch Pilgerstation war.

Während die Kathedrale von außen groß und mächtig wirkt, zeigt sie ihre wahre Größe aber erst im Inneren, wo sie mit ihrer Mischung aus grauem Scheldestein, rotem Backstein und weißem Kalkstein immer wieder für Erstaunen sorgt. Noch gewichtiger ist ihre Ausstattung mit der **Rokokokanzel** aus Eiche und Carrara-Marmor, die als eine der schönsten Belgiens gilt, und dem **barocken Hochaltar** aus weiß-schwarzem und geflämmtem Marmor samt flankierender Bischofsgräber.

Kunstfreunde dürfte auch das **riesige Rubensbild** interessieren, das den heiligen Bavo bei seinem Eintritt ins Kloster zeigt, wo ihn Sankt Amandus, der Apostel Flanderns, und Abt Floribert empfangen. Aushängeschild der Kathedrale aber ist der **Genter Altar** (s. S. 92), den ein heimischer Patrizier bei den Brüdern van Eyck in Auftrag gegeben hatte. Er wird bis 2017 restauriert, sodass er nur zum Teil im Original zu sehen ist, die fehlenden Teile werden nur als Schwarz-Weiß-Fotos ergänzt. Wer will, kann sich das Kunstwerk schon einmal auf der Website http://closertovaneyck.kikirpa.be ansehen und alle Details studieren. Übrigens: In der Kirche gilt absolutes **Fotografierverbot!**

❯ Sint Baafskathedraal, www.sintbaafs kathedraal.be, Tel. 09 2692045, April–Okt. Mo.–Sa. 8.30–18, So. 13–18 Uhr, Nov.–März Mo.–Sa. 8.30–17, So. 13–17 Uhr, Eintritt frei, kostenlose Führungen.

❯ Genter Altar: April–Okt. Mo.–Sa. 9.30–17, So. 13–17 Uhr, Nov.–März Mo.–Sa. 10.30–16, So. 13–16 Uhr, 4 € mit Audioguide, bis 7 Jahre Eintritt frei

⌂ *St.-Bavo-Kathedrale, Haupteingang*

Van Eycks Genter Altar – ein Meisterwerk mit bewegter Geschichte

„Das ist ein über köstlich hochverständig Gemähl", schwärmte der Maler Albrecht Dürer in seinem Tagebuch, nachdem er den großen Flügelaltar in der Bavo-Kathedrale bei einem Besuch Gents im April 1521 gesehen hatte. Auch Goethe und Lessing waren angesichts des Kunstwerks hin und weg. Und selbst heute noch geraten viele ins Staunen, die **das hinter dickem Panzerglas und im klimatisierten Umfeld hängende Bilderensemble** betrachten. Dutzende von Dissertationen haben sich mit seiner Entstehung beschäftigt, seiner Geschichte und seiner Technik. Kaum ein Bild hat die Wissenschaft mehr bewegt als der *„Genter Altar"*.

Genau betrachtet besteht der Altar aus **zwei Teilen**: einer geschlossenen **Rückseite**, die man einst werktags zu sehen bekam, und einer aufgeklappten Version, die nur an Ostern, Weihnachten und Allerheiligen sichtbar war. Diese **Festtagsseite** zeigt Christus, den Weltenherrscher, daneben Maria und den Apostel Johannes. Ein Stück weiter finden sich zu beiden Seiten musizierende Engel in kostbaren Brokatkleidern und ganz außen die beiden ersten Menschen, Adam und Eva, nackt wie Gott sie schuf. Diese beiden Nackedeis waren einst die eigentliche Sensation, weshalb der Altar bei seiner Einweihung im Mai 1432 auch einfach nur *„Adam und Eva"* genannt wurde.

Gewichtiger ist die untere Bildleiste, die sich **thematisch auf die Offenbarung des Johannes bezieht**, das letzte Buch des Neuen Testaments. *„Danach sah ich ...eine große Schar, die niemand zählen konnte, aus allen Na-*

tionen und Stämmen und Völkern und Sprachen, die standen vor dem Thron und vor dem Lamm, angetan mit weißen Kleidern und mit Palmzweigen in ihren Händen, und riefen mit großer Stimme: Das Heil ist bei dem, der auf dem Thron sitzt, unserm Gott, und dem Lamm!"

Jan van Eyck hat diese Bibelstelle in bunten Farben visualisiert. In paradiesischer Umgebung zeigt er die **Verehrung des Lammes**, des wichtigsten Christussymbols, weshalb das Altarbild heute auch unter dem Namen *„Die Anbetung des Lammes"* bekannt ist. Zwischen flämischen Kirchturmlandschaften wachsen Orangen- und Granatapfelbäumchen, Maiglöckchen, Pfingstrosen und Gänseblümchen. Ein Garten Eden, in dem es immer wieder Neues und Interessantes zu entdecken gibt. Im Mittelpunkt aber steht das Lamm, aus dessen Seite Blut in einen Abendmahlskelch strömt.

Davor steht ein achteckiger Springbrunnen, aus dem Wasser in eine edelsteingeschmückte Rinne fließt. Es ist der **Lebensbrunnen**, der vor dem Altar mit dem Gotteslamm allen Christenmenschen den Weg weisen soll. Päpste, Bischöfe, Kardinäle, Patriarchen, heilige Jungfrauen, Selige, Priester, Märtyrer, Einsiedler und Pilger - links und rechts um den Brunnen gruppiert - haben diesen Weg schon eingeschlagen und dienen als religiöse Vorbilder.

Die jüngste, allerdings sehr umstrittene Theorie will in dem Gemälde gar eine versteckte Botschaft an die Ritter des Goldenen Vlies sehen, die mit dem Altarbild zu neuen Kreuzzügen motiviert werden sollten.

Künstlerisch gehört das Bild zu den wichtigsten der Kunstgeschichte. Erstmals kreierte van Eyck nämlich **Menschen aus Fleisch und Blut,** keine sphärische Gestalten wie die meisten Maler vor ihm. Damit erwies er sich als Lehrmeister der Moderne, als Vorbild für Maler wie Holbein, Brueghel, Memling oder Bosch - und auch Italiens große Künstler wie Raffael, Botticelli oder da Vinci sollen von ihm profitiert haben.

Abenteuerlich ist die Geschichte des Bildes, das schon im 16. Jh. erstmals renoviert wurde. Immer wieder weckte es Begehrlichkeiten. Schon Philipp der Schöne hätte das Altarbild gerne an sich genommen, musste aber schließlich mit einer Kopie vorlieb nehmen. 1566 gelang es nur knapp, das Kunstwerk vor den Bilderstürmern zu retten, 1578 geriet es schließlich doch in Besitz der Calvinisten, die es im Rathaus zur Schau stellten. 1781, so heißt es, ließ der österreichische Kaiser Joseph II. Adam und Eva durch „bekleidete" Kopien ersetzen, weil er an der Nacktheit der beiden ersten Menschen Anstoß genommen hatte.

Nach der Einnahme Flanderns durch französische Truppen gerieten die Mittelteile des Altars nach Paris, wo sie im Musée Napoléon, dem heutigen Louvre, vorübergehend eine neue Heimat fanden. Die restlichen Teile gingen in den Kunsthandel, bis sie schließlich für 400.000 Gulden vom preußischen König gekauft und in Berlin ausgestellt wurden. Um die Vorder- und Rückseite besser zeigen zu können, zersägte man den Altar in einzelne Teile. Mit dem Vertrag von Versailles allerdings kamen die Fragmente trotz heftigen deutschen Widerstandes zurück nach Belgien, wo man die Berliner Teile des Altars mit den einst im Louvre gezeigten Stücken wieder kunstvoll zusammenfügte. Anschließend brachte man den Altar zurück in die Genter Bavo-Kathedrale.

1934 wurden dort die **Tafeln mit Johannes dem Täufer und den „Gerechten Richtern" gestohlen.** Während das Johannes-Bild zurückgegeben wurde, sind die „Gerechten Richter", die man wenig später durch eine Kopie ersetzte, bis heute verschollen geblieben. Die Geschichte des Diebstahls wird auch im Museum STAM **③⑨** eindrucksvoll dokumentiert.

Im Zweiten Weltkrieg lagerte man den Genter Altar nach Südfrankreich ins Schloss Pau aus, wo ihn die Nazis entdeckten und schließlich im österreichischen Salzbergwerk Altaussee lagerten. Nach dem Krieg wurde das Bildensemble in Brüssel gründlich restauriert, ehe es 1986 in die Genter Kathedrale zurückgebracht wurde.

Inzwischen wird das Kunstwerk wieder **gründlich restauriert.** Daher werden bis 2017 immer nur Teile des Altars an seinem angestammten Platz in der Kathedrale sein. Aber im Museum für Schöne Künste **④①** kann man den Restauratoren bei der Arbeit am Rest zuschauen. Im Karmeliterkloster (Provinciaal Cultuurcentrum Caermersklooster, Vrouwebroersstraat 6) kann man eine **Ausstellung zu den Maltechniken des Mittelalters** besuchen. Dort wird auch eine Kopie des Genter Altars gezeigt, die nicht wie das Original hinter Panzerglas steckt und einen besseren Blick auf den Detailreichtum gewährt.

Gent entdecken

㉘ Sint-Baafsplein ⭐ [III E5]

Vor der Kathedrale befindet sich mit der Sint-Baafsplein einer der wichtigsten Treffpunkte Gents, ein großer Platz, gesäumt von zahlreichen Restaurants und Straßencafés.

Neben Kathedrale ㉗ und Belfried ㉙ ist hier auch das **Königlich Niederländische Theater** zu Hause (jetzt Nederlands Toneel Gent), über dem die Göttin Harmonia nach dem Rechten sieht. Die Brasserie im Foyer des Theaters bietet von der Terrasse einen wunderschönen Blick auf den Belfried. Das große **Denkmal** auf dem Platz erinnert an Jan Frans Willems (1793–1846), einen der wichtigsten Kämpfer für die flämische Identität. Nur ein paar Schritte weiter findet sich die **neue Stadthalle** mit einem großen Restaurant im unteren Teil. Das architektonisch ausgefallene Gebäude aus Glas, Beton und Holz ist zum neuen Blickfang der Stadt geworden, der zwischen all den mittelalterlichen Bauten ringsum den neuen Stolz Gents verkörpert.

㉙ Belfried ⭐⭐⭐ [III E5]

Mit fast 100 m Höhe ist der Belfried (Belfort) das eigentliche Wahrzeichen der Stadt Gent, auf alle Fälle das Symbol ihrer Unabhängigkeit. Hier wurden lange Jahre die wichtigsten Urkunden der Genter Geschichte aufbewahrt – jene Dokumente, die der Stadt einst ihre Privilegien verliehen.

Obwohl mit dem Bau des mächtigen Turmes schon um das Jahr 1300 begonnen wurde, dauerte es einige Zeit, bis er sein endgültiges Aussehen fand. Die erste Turmspitzenversion wurde 1380 aufgesetzt, die heute zu bestaunende datiert aus dem Jahr 1913. Nicht zu übersehen ist außerdem der **vergoldete Kupferdrache**, der seit 1380 die Spitze krönt.

Wer Zeit und Lust hat, dem sei ein **Aufstieg auf den Turm** empfohlen, von dem sich **einer der schönsten Blicke auf die Stadt** bietet. Ein Aufzug hilft beim Überwinden der Höhenmeter, allerdings sind die Wege oben sehr eng, sodass manchen Turmbesteiger die Höhenangst beschleicht.

Einiges zu sehen gibt es nachmittags während der Führungen (14.30 und 15.30 Uhr) auch im Turm selbst. So kann man im fünften Stock die **Mechanik der berühmten Turmuhr** von 1670 bewundern, die als eine der ältesten Belgiens gilt. Aufmerksamkeit hat auch das **Glockenspiel** verdient, das heute über 55 Glocken verfügt. Eine CD mit den Glockenklängen gibt es an der Turmkasse.

❯ Sint-Baafsplein, Tel. 09 2333954, www.visitgent.be, tgl. 10–18 Uhr, Eintritt: 5 € (bis 19 Jahre frei), im Winter oft geschlossen

㉚ Tuchhalle (Lakenhalle) und Rathaus (Stadhuis) ⭐⭐ [III E5]

An den Belfried grenzt die gotische Tuchhalle, die den Textilhändlern einst **als Versammlungsstätte diente**. 1742 wurde ein Teil der Halle zum Stadtgefängnis umfunktioniert, als das es bis anno 1902 genutzt wurde.

Bemerkenswert ist der sogenannte „Mammelokker" über dem Eingang, ein Relief aus der römischen Sagenwelt. Es zeigt einen Greis, dem seine Tochter die Brust *(mamme)* zu trinken *(lokken)* gibt und ihm so das Leben rettet. Angeblich geht die Darstellung in Gent auf ein Gemälde von Peter Paul Rubens zurück, der 1630 „Die Rettung Simons" malte. Eine andere Geschichte erzählt von einem in Gent eingekerkerten Mann, der zum Hungertod verurteilt worden war. Nur seine Tochter durfte ihn besuchen, die ihm dann die Brust gereicht haben soll. Als er nach einem halben Jahr immer noch lebte, hätten man ihn schließlich freigelassen. Heute dient die Tuchhalle als Veranstaltungsraum und ist nicht zu besichtigen.

Nördlich der Tuchhalle liegt das **Rathaus, einer der prächtigsten Bauten Gents,** den völlig unterschiedliche Baustile prägen. So zeigt sich die Fassade an der Hoogpoort in gotischer Pracht mit reichem Figurenschmuck. Im Kontrast dazu präsentiert sich die Seite zum Botermarkt im schlichten Renaissancekleid. Im Inneren findet sich der sogenannte **Pazifikationssaal,** in dem 1576 die Provinzen der Niederen Lande ihren Religionsfrieden schlossen, und eine Hochzeitskapelle mit schönen Glasfenstern. Leider sind Besichtigungen nur im Rahmen offizieller Stadtführungen möglich (s. S. 126).

052fl Abb.: gs

�31 Werregarenstraat ✶ [III E5]

Lange Jahre war das krumme Gässchen nur eines von vielen in der Stadt, ein bisschen verdreckt und oft dunkel. Inzwischen aber kommen auch Touristen hier vorbei und die Gasse liegt sogar auf der Route der einen oder anderen Stadtführung. Der Grund hierfür sind die **vielen Graffitis an den Wänden** der Gasse, die inzwischen als bunte Zeugen zeitgenössischer Kultur verstanden werden.

Nachdem immer mehr Gebäude in der Stadt von Sprayern attackiert worden waren, gaben die Stadtväter deshalb das ganze Gässchen zum Bemalen frei. So wurde die Werregarenstraat zum **Symbol des neuen, jungen Gent.**

◹ *Der „Mammelokker" über dem Eingang der Tuchhalle*

�32 Vrijdagmarkt (Freitagsmarkt) ✶✶ [III E4]

Der große Platz ist Gents zentraler Treffpunkt. Hier spielte sich jahrhundertelang ein Großteil des öffentlichen und politischen Lebens ab, hier wurde gefeiert und demonstriert, hier wurde vor allem aber auch gehandelt.

1199 wurde der Vrijdagsmarkt erstmals in einer Urkunde erwähnt und noch heute ist hier mehrmals in der Woche Markt.

Bis auf das **„Türmchen"** („'t Toreken", Vrijdagsmarkt 36), dem ehemaligen **gotischen Gildehaus der Gerber,** an dem auch die Marktglocke hängt, stammen fast alle Häuser aus dem 18. Jh. Architektonisch aus dem Rahmen fällt das im frühen 20. Jh. entstandene „Ons Huis" („Unser Haus"), der Sitz der sozialistischen Arbeitervereinigungen. Nicht zu übersehen ist auch das große

Denkmal in der Mitte. Es zeigt den Volkshelden Jakob van Artevelde, der den Boykott der englischen Wolleinfuhren stoppen konnte.

Heute befindet sich unter dem Vrijdagmarkt eine der größten Parkgaragen Gents, weshalb der Platz für die Erkundung der Altstadt einer der beliebtesten Ausgangspunkte ist. Vom Markt ist es nur ein Katzensprung zu den alten Grachten und zur Burg Gravensteen ❸. Auf dem Weg dorthin quert man den **Grootkanonplein** (Großkanonenplatz) [III E4] mit der 12,5 t schweren, im Volksmund „Dulle Griet" genannten Kanone. Das unhandliche Geschütz aus dem 15. Jh. konnte mit bis zu 300 Kilo schweren Steinkugeln geladen werden – als Kriegsgerät kam es jedoch nie zum Einsatz, heute dient es Touristen vor allem als Fotokulisse.

☑ *Das mächtige Bollwerk der Burg Gravensteen*

❸❸ Kraanlei und Patershol ★★ [III E4]

Eine der schönsten Straßen Gents ist die **Kraanlei**, an der sich **zahlreiche alte Bürgerhäuser** finden, zum Teil, wie die Hausnummern 3–11 unter Beweis stellen, mit schönen gotischen Fassaden.

Dahinter schließt sich mit dem **Patershol** das **neue Szeneviertel Gents** mit vielen kleinen Restaurants, Cafés und Boutiquen an. Bohemiens und die örtliche Schickeria haben das **mittelalterliche Quartier** neu entdeckt, das einst als Armenviertel keinen guten Ruf hatte. Heute aber ist es schick, hier zu wohnen und auszugehen, auch wenn viele Restaurants im Patershol nicht gerade billig sind.

Preiswerter geht es in der benachbarten **Oudburg** [III E4] zu, **Gents multikultureller Vorzeigestraße**, wo afrikanische und asiatische Händler auch sonntagmorgens ihre Lebensmittellädchen offen halten.

Wer einen Einblick in das Leben der Genter Bürger um die vorletzte Jahrhundertwende sucht, ist im **Volkskundemuseum „Huis van Alijn"**

063fl Abb.: gs

(s. S. 112) an der richtigen Adresse. Der Name erinnert an eine alte Patrizierfamilie, die hier einst ein Hospiz für ältere Frauen unterhielt. Heute werden die 18 kleinen, um einen hübschen Innenhof errichteten Häuschen als Museum genutzt. Möbel, Haushaltsgeräte und andere Alltagsgeräte dokumentieren, wie die Menschen in Gent einst lebten.

🤵 Burg Gravensteen ★ ★ ★ [III D4]

Sie ist eine der wichtigsten Touristenattraktionen der Stadt, ein mächtiges Bollwerk mitten in Gent. Nur einmal in ihrer langen Geschichte wurde Burg Gravensteen eingenommen: im November 1949, nachdem der Bierpreis deutlich gestiegen war und Studenten die Burg besetzten, um dagegen zu protestieren. Genutzt hat es nichts, das Bier blieb teuer.

Ihre schönste Seite zeigt die Burg von einem der Boote aus, die an Grasoder Korenlei 🥈 zwischen 10 und 18 Uhr zu ihren Rundfahrten starten. Der Haupteingang der Burg liegt aber gegenüber dem **Sint-Veerleplein**, dem vermutlich ältesten Versammlungsplatz der Stadt. Vom Mittelalter bis in die Zeit des Barock diente er als Markt, aber auch als Hinrichtungsstätte während der Inquisition. Nach aufwändiger Sanierung ist der Platz heute einer der Treffpunkte für Citybummler. Hier hat auch das Touristenbüro (s. S. 119) eine neue Heimat gefunden.

Als eigentlicher Bauherr der Burg Gravensteen gilt Flanderns Graf Philipp von Elsass, der die Anlage zu einer Festung ausbaute. Die Genter wollen in dem mächtigen Bau jene Burg sehen, die den wohl berühmtesten Ritterroman des Mittelalters inspirierte: „Perceval Le Gallois ou le Conte du Graal" von Chréti-

EXTRATIPP

Flandrische Köstlichkeiten

Spezialitäten gibt es im **Großen Fleischhaus zu Gent** (s. S. 108) mitten in der Altstadt. In der mittelalterlichen Halle, in der man auch eine Kleinigkeit essen und trinken kann, werden heute regionale Lebensmittel gehandelt: Schinken, Marmelade, Käse, Schokolade sowie Bier und andere Alkoholika. Vieles kann an Ort und Stelle gleich probiert werden – einfach mal reinschauen!

en de Troyes. Dieses mittelalterliche Meisterwerk übersetzte Wolfram von Eschenbach ganz frei ins Deutsche und regte schließlich auch Richard Wagner zu seinem „Parsival" an. Unstrittig ist, dass die Grals-Erzählung am Hofe Phillips von Flandern entstand und dass sich sein Autor vom Leben und Treiben auf Burg Gravensteen zu seinem höfischen Versroman inspirieren ließ. Die **mittelalterliche Welt der Turniere** wird noch heute an einigen Sommerwochenenden lebendig, wenn Ritter und Knappen den Burghof bevölkern, sich mit Schwertern hauen und ihre Turnierrösser durch die Burg hetzen. Mittelalterspektakel nennt man das heute.

Bis ins 14. Jh. residierten die flandrischen Grafen in der Burg. Später war Gravensteen nur noch Verwaltungssitz und Gerichtshof, schließlich ein Ort ohne große Bedeutung. Zeitweise beherbergte die Burg gar eine kleine Baumwollspinnerei, ehe die Stadt den Komplex kaufte und zur Weltausstellung 1913 gründlich restaurierte. Seitdem besichtigen jährlich Zehntausende von Neugierigen, die hier ein bisschen Mittelalter schnuppern wollen, die Burg. **Alte Folterinstrumente** samt einer authentischen Guilloti-

Gent entdecken

EXTRATIPP

Fundgrube für Genever-Freunde

Sie suchen einen guten Genever, vielleicht als Souvenir? Dann schauen Sie bitte im Dreupelkot vorbei, wo Pol Rysenaer sich Ihrer annimmt. Belgiens beste Genever hat er im Ausschank, gut 200 verschiedene Marken, die probiert werden können.

> 't Dreupelkot (s. S. 108)

ne und eine **umfangreiche Waffensammlung** helfen ihnen dabei.

Für alle, die das Mittelalter noch intensiver erleben wollen, gibt es – inzwischen auch in deutscher Sprache – einen **Movieguide**. Dabei wird mittels eines mobilen Handcomputers das Leben auf der Burg lebendig. Vier historische Figuren nehmen den Besucher an die Hand: Philipp von Elsass und seine Frau Mathilde von Portugal, ein jüdischer Wollhändler und Chrétien de Troyes, der schon erwähnte Autor des ersten Grals-Romans. Vier Menschen, die alle hier lebten und uns heute erzählen, was zwischen Weihnachten 1189 und September 1190 auf Gravensteen passierte – jenem Jahr, als der Graf zum Kreuzzug ins Heilige Land aufbrach und seine Frau die Regierungsgeschäfte übernahm.

> **Burg Gravensteen**, Sint-Veerleplein 11, Tel. 09 2259306, www.gent.be/gravensteen, April–Sept. tgl. 10–18 Uhr, Kassenschluss 17 Uhr, Okt.–März tgl. 9–17 Uhr, Kassenschluss 16 Uhr, 8 € (bis 19 Jahre frei)

▷ *Die Nikolauskirche zu Gent – das markante, kraftvolle Bauwerk ist ein gutes Beispiel für die flämische Gotik*

㉟ Korenlei und Graslei ★★★   [III D5]

Die beiden Uferpromenaden gehören zu den schönsten Belgiens. Vor allem im Sommer drängen sich hier die Menschen. Alt und Jung suchen dann nach ein bisschen Dolce Vita, lassen es sich auf den Terrassen der Cafés und Restaurants gut gehen oder sitzen einfach nur lässig am Ufer. Zwischen Michaelsbrücke und der Burg Gravensteen zeigt sich Gent ganz mediterran.

Früher lag an dieser Stelle der **Hafen von Gent**, denn die Stadt war über die Leie bis hierher auch mit großen Schiffen zu erreichen. Und auch die Namen der Uferstraßen verraten, dass hier einst Waren umgeschlagen wurden: Weizen an der Koornlei – deshalb öfter auch Koornlei genannt –, Gemüse, Kräuter und Gewürze entlang der Graslei.

Rechts und links zieren **alte Zunfthäuser** die Wasserstraße, prächtige Bauten, die zur Weltausstellung 1913 meist erstmals renoviert wurden. Dabei sollen es die Architekten mit der historischen Wahrheit nicht immer so genau genommen haben. Den Besucher heute stört das nicht, er empfindet die Häuserzeilen als ein Stück authentisches Mittelalter. Dahinter lebt die Moderne, wie man sich im Marriott-Hotel an der Korenlei oder im Belga Queen (s. S. 110) auf der gegenüberliegenden Uferseite selbst überzeugen kann.

Eines der **Prunkstücke auf der Korenlei** ist das „Haus der Unfreien Schiffer", dessen elegante barocke Fassade sofort ins Auge fällt. Zwei Anker zieren seinen Giebel. Nebenan findet sich „**De Zwane**" mit prachtvollen Schwanendarstellungen. „**Spijker**" heißt das älteste Haus an der

Graslei, ein romanisches Prachtstück aus dem frühen 13. Jh., in dem bis Mitte des 18. Jh. noch Getreide gelagert wurde und das heute ein Nobelrestaurant beherbergt. Auch das sogenannte Cooremetershuys nebenan (Graslei 13), das auf das 16. Jh. zurückgeht, diente einst als Kornlager.

㊱ Michaelskirche mit Michaelsbrücke ☆ [III D5]

Wichtigster Übergang vom einen zum anderen Leie-Ufer ist die **Michaelsbrücke.** Von ihrer Mitte bietet sich, wie die Einheimischen jedem Fremden gern stolz zeigen, **einer der schönsten Blicke in Gent:** die Sicht auf die Türme der Nikolauskirche ㊲, von Belfried ㉙ und St. Bavo ㉗.

Die Michaelskirche ist **reich mit Gemälden ausgestattet,** unter anderem mit einem „Christus am Kreuz" von Anthonis van Dyck. Südlich der Kirche liegt das ehemalige Dominikanerkloster Pand, dessen Bücher einst die Calvinisten in die Leie warfen. Heute gehört das Kloster zur Universität, die hier zahlreiche Sammlungen untergebracht hat (Besichtigung auf Anfrage).

❭ **Michaelskirche,** Sint-Michielsplein, www.kerknet.be, April–Sept. Mo.–Sa. 14–17 Uhr, Okt. Sa. 14–17 Uhr, Eintritt frei

㊲ Korenmarkt und Nikolauskirche ☆ [III E5]

Am Korenmarkt (Kornmarkt), dem **alten Handelszentrum Gents** und heute wichtigsten Verkehrsknotenpunkt befindet sich die neu renovierte Nikolauskirche. Sie ist dem Patron der Seefahrer und Kaufleute gewidmet, welche die Kirche immer wieder mit großzügigen Schenkungen versahen. Architektonisch gilt sie als **eines der besten Beispiele der sogenannten Schelde-Gotik.** Darunter versteht man eine flämische Variante der Gotik, bei der man den Kirchturm gewöhnlich über der sogenannten Vierung anstatt wie sonst üblich auf der Westseite der Kirche anbrachte. Zum wichtigsten Baumaterial wurde der Backstein. Prunkstück des Gotteshauses ist nach dem französischen

062rl Abb.: gs

Orgelbauer Cavaillé Coll benannte Orgel, die oft für Konzerte genutzt wird.

Vom Korenmarkt zweigt übrigens das Sträßchen Klein Turkje ab, in dem Albrecht Dürrer während seines Gentbesuches eine Zeit lang verkehrte. (In Gent sind auch seine berühmten Löwen-Zeichnungen entstanden, die heute in der Wiener Albertina zu betrachten sind.) In der auf der anderen Seite liegenden Sint-Niklaasstraat 2 findet sich das sehenswerte **Gildehaus der Steinmetze** aus dem 16. Jh., das in der Graslei noch einmal als Kopie zu finden ist. Oben auf dem Treppengiebel drehen sich sechs Moriskentänzer im Wind.

> **Nikolauskirche (Sint-Niklaaskerk)**, Cataloniestraat, www.stniklaas.com, Di.–So. 10–17, Mo. 14–17 Uhr, Eintritt frei

EXTRATIPP

Waschen und Relaxen

Warum nicht das Angenehme mit dem Nützlichen verbinden: das Wäschewaschen mit dem Checken der Mails oder einer Kaffeepause? In der Genter Wasbar ist das möglich. Hier kann man bei einem Stück Kuchen und einer Tasse Cappuccino zusehen, wie Hemden und Hosen, T-Shirts, Röcke oder Kleider zu neuer Frische finden. Ein Waschsalon als Generationentreff mit Programm: einmal gibt es Livemusik, ein andermal wird gebastelt.

> **145** [III E7] **Wasbar**, Nederkouter 109, Tel. 0485 423432, www.wasbar.com, Di.–Fr. 10–22, Sa./So. 10–18 Uhr

38 Veldstraat und Kouter ✩ **[III E6]**

Vom Korenmarkt führt die **Veldstraat zum Kouter**, dem Scharnier zwischen der historischen Altstadt und dem Universitäts- und Kulturviertel im Süden. Die Veldstraat, **Gents wichtigste Einkaufsachse**, ist aber nicht nur für Shopper, sondern auch für Kulturfreunde interessant.

Zum einen findet sich hier das **Hotel d'Hane-Steenhuyse** (Veldstraat 55) mit prachtvoller Rokokofront, zum anderen das **Haus Nr. 82 (Museum Arnold Vander Haeghen)**, in dem Manuskripte und persönliche Erinnerungsgegenstände wie die Bibliothek des Schriftstellers Maurice Maeterlinck gezeigt werden, der in Gent zu Hause war und als Literatur-Nobelpreisträger Weltruhm erlangte.

Wer Gent und seine Bürger näher kennenlernen will, muss sonntagmorgens über die Kouter flanieren, den **Blumenmarkt**, der bis heute als einer der wichtigsten Treffpunkte der Einheimischen gilt.

Früher fanden hier Truppenparaden und Turniere statt, Pferdemärkte oder Schießwettbewerbe, heute werden auf dem Platz **Pflanzen und Schnittblumen** jeder Güte umgeschlagen.

Schon im 19. Jh. war die Kouter traditionell Ziel der Genter Sonntagsspaziergänger. Endpunkt ihres Morgenganges ist auch heute noch der kleine, blaue Kiosk auf dem Platz, an dessen Stehtischen man sich zum **Brunch** einfindet, zu dem in Gent frische Austern gehören. Und wie früher verwöhnen auch heute noch kleine Kapellen, Chöre oder Orchester die Sonntagsbummler im Sommer mit ihren **Platzkonzerten**.

> **Museum Arnold Vander Haeghen**, Veldstraat 82, Tel. 09 2698460, Mo.–Fr, 10–12 u. 14–16 Uhr, Führungen Fr./Sa. 14.30 Uhr, 5 €

▷ *Sonntäglicher Treffpunkt: der Blumenmarkt an der Kouter*

Beeindruckend sind die zahlreichen **Multimedia-Installationen,** die auch für unerfahrene Nutzer leicht zu bedienen sind. Und für Kinder gibt es eine **Spielecke** mit Lego-Bausteinen, aus denen die Jüngsten Gent in Miniatur ganz neu erschaffen können.

> STAM, Bijlokeviertel, Godshuizenlaan 2, Tel. 09 2671400, www.stamgent.be, Di.–So. 10–18 Uhr (Tickets bis 17.30 Uhr), 6 € (bis 18 Jahre frei)

④⓪ St. Peterskirche und Universitätsviertel ★ [III F8]

Rund um die St. Peterskirche erstreckt sich das Universitätsviertel. So ist neben der 57 m hohen Kuppel von St. Peter, deren Vorbild, behauptet man in Gent, die Peterskirche in Rom gewesen sein soll, der **mächtige Bücherturm** (Rozier 9, www.lib. ugent.be) mit seinen 64 m Höhe nicht zu übersehen – ein architektonisches Meisterwerk des belgischen Stararchitekten Henry van de Velde. Der 24 Stockwerke hohe Bücherturm gilt als Symbol der Universitätsstadt. Er fasst mehr als drei Millionen Bücher, die hier auf ihre Leser warten.

Die Peterskirche wurde **auf dem Fundament einer romanischen Abtei errichtet.** Das schon im 7. Jh. gegründete Kloster wurde Ende des 18. Jh. auf politischen Druck hin aber aufgelöst. Sein mittelalterliches Refektorium ist noch immer eine Augenweide.

In der **Kunsthalle der St. Petersabtei** (s. S. 112) finden regelmäßig Ausstellungen statt. Wer will, kann mit einem Movieguide durch die Abtei streichen, bei dem ein „digitaler Mönch" den Besucher auf eine spannende Reise mitnimmt.

> St. Peterskirche und Kunsthalle, Sint-Pietersplein 9, Tel. 09 2439730, www. visitgent.be, Di.–So. 10–18 Uhr (Tickets bis 17.15 Uhr), 5 € (8 € mit Movieguide)

③⑨ Stadtmuseum Gent (STAM) ★★★ [III D8]

Ein Stadtmuseum wie aus dem Bilderbuch: Das Gebäude der stadthistorischen Sammlung vereint alte und neue Architektur. Den Kern bildet ein altes Kloster, die Bijloke-Abtei, deren älteste Teile aus dem Mittelalter stammen.

Zu den Highlights des Museums zählt der **gotische Speisesaal** des Klosters mit seinen einmaligen Wandmalereien. Aber auch der Rest kann sich sehen lassen. Auf 2800 m² Ausstellungsfläche wird die Geschichte Gents gezeigt und ein Ausblick auf künftige Stadtprojekte wie die Neugestaltung des alten Stadthafens geboten. Gents mittelalterliche Blütezeit veranschaulichen Gemälde und religiöse Gegenstände wie Prozessionsstangen oder Teufelsmasken, die bei kirchlichen Umzügen getragen wurden. Ebenfalls nicht zu kurz kommt die Rolle Gents als Industriestadt und Geburtsstätte der belgischen Arbeiterbewegung.

41 Museum für Schöne Künste ★★★ [III E9]

Im Süden der Stadt findet sich Gents erste Anlaufstation für alle Freunde alter und neuer Kunst. Gleich zwei international bedeutende Musentempel, das Museum für Schöne Künste und das S.M.A.K. 42 locken Kunstsinnige aus aller Welt in die Stadt und in den Citadelpark.

Das **Museum für Schöne Künste** beherbergt eine der wichtigsten europäischen Gemäldesammlungen. In dem klassizistischen, 2007 komplett renovierten Bau liegt der Schwerpunkt auf der Kunst des 19. und 20. Jh. Zeichnungen und Gemälde zeugen von der Seelenlage der **Romantiker, Impressionisten, Expressionisten und Surrealisten**.

Zu den wertvollsten Ausstellungsstücken in den 44 Sälen gehören zwei **Bilder von Hieronymus Bosch,** dessen „Kreuztragung" und „Der Heilige Hieronymus" Besucher aus aller Welt immer wieder aufs Neue faszinieren. Aber auch Jacob Jordeans „Mariä Himmelfahrt", entstanden um 1650, und Rogier van der Weydens „Madonna mit Kind" (um 1480) verdienen besondere Beachtung.

Seit Neuestem kann man Spezialisten des Museums auch bei **der Restaurierung des weltberühmten Genter Altars** 27 zuschauen. In einem eigens zu diesem Zweck eingerichteten Atelier hat der Besucher bis 2017 Gelegenheit, durch eine Glaswand die filigrane Arbeit zu verfolgen – allerdings nur werktags.

Wer will, kann im Museum für Schöne Künste und im nahe gelegenen S.M.A.K. leicht einen ganzen Tag verbringen. Dazu tragen auch die beiden Museumscafés und -bistros bei.

> **Museum für Schöne Künste (MSK) Gent,** Citadelpark, Tel. 09 2400700, www. mskgent.be, Di.–So. 10–18 Uhr, Eintritt 5 €, bis 18 Jahre frei

42 Museum für zeitgenössische Kunst ★★★ [III E9]

Nur einen Steinwurf vom Museum der Schönen Künste 41 entfernt, ebenfalls im Citadelpark gelegen, kommen die Freunde aktueller Gegenwartskunst auf ihre Kosten. Das S.M.A.K. (Stedelijk Museum voor actuelle Kunst) ist das größte Museum seiner Art in Flandern. Hier legt man Wert auf ständige Wechselausstellungen. Das Museum für Zeitgenössische Kunst gilt wegen seiner Präsentationsformen als Trendsetter und macht durch spektakuläre Kunstaktionen immer wieder auf sich aufmerksam – zuletzt 2012 mit der international stark beachteten Werkschau TRACK, als man die ganze Stadt zur Kunstbühne machte.

> **S.M.A.K.,** Citadelpark, Tel. 09 2407601, www.smak.be, Di.–So. 10–18 Uhr, Eintritt 6 € (Kinder und Jugendliche bis 19 Jahre frei)

EXTRAINFO

Kombiticket

Kunstinteressierte können Geld sparen, indem sie für 6 € ein Kombi-Ticket für die benachbarten Museen S.M.A.K und das Museum für Schöne Künste lösen. Kinder und Jugendliche bis 19 Jahre haben freien Eintritt!

070fi Abb.: gs

0   1 cm = 80 m   200 m

104

7

Belfried ★
Koufer ★
Universität Gent ★

K.T.A.

Coupure
Rechts
St. Aonete-brug
Verloren-kost Brug

Hospitaal-brug
Coupure Links
Apotheekstraat

143
Jozef
Kluyskens

Hogeschool Gent
De Bijloke

Muziekcentrum
De Bijloke Gent

Grootbrittannielaan
Godshuizenlaan
Nonnemeersstr.

Stadsmuseum Gent
39
214

Noorder-
Zuider-
Koning Albert Brug
Abdisstr.
doorgang

Leie Brug
Ijzerlaan

Kortrijkse-

8

Albertlaan
Henley-kaai
Paul Fredericqstraat
Jac. Haertmansstr.
Raket-straat

Mercator Hogeschool E.A.

kaai
Fluwarbond-

Meersstraat

K.A. II

R40

Charles

Ballestraat
Smidse-straat

Kortrijksesteen-weg
van Mamixstraat

Meersstraat

Willem van Nassaustr.

Koning

D. van Monckhovenstr.
Smidse-straat
Losstraat
Klokkestraat

Lam. van Egmontstraat

H. van Brederodestr.

Leopold

ICC Gent

9

Koningin Maria Hendrika Plein

Elisabethlaan
Blankenberghestraat
Koningin

Koningin
Astridlaan

Kortrijksesteen-weg
Fort-laan

Citadelpark

Prinses Clementinalaan

201
Gent-St.-Pieters

C

D

Nützliche Adressen

Einkaufen

Trotz seiner Größe ist Gent keine so weiträumige Einkaufsstadt wie Antwerpen. Die wichtigsten Einkaufsstraßen finden sich zwischen Belfried ㉙ und Universitätsbibliothek und rund um den Vrijdagmarkt ㉜. Die meisten großen Ladenketten finden sich auf der **Veldstraat** ㉛ und der Langemunt [III E5]. Das Shoppingcenter Gent Zuid liegt gegenüber der Stadtbibliothek auf dem Woodrow Wilsonplein [III F6]. Kunst- und Antiquitätenliebhaber sind am Steendaam [III F4] und in der Burgstraat, Freunde des Vintage rund um die Serpentstraat richtig. Und im Schatten der Burg Gravensteen ㉚ locken kleine Lädchen mit Geschenkideen.

Ausgefallene Einkaufsideen

🏠**146** [III E5] **Groot Vleeshuis**, Groentenmarkt 7, Tel. 09 2232324, www.grootvleeshuis.be, Di.–So. 10–18 Uhr. Im „Großen Fleischhaus" werden ostflämische Spezialitäten verkauft.

🏠**147** [III E4] **het oorcussen**, Vrijdagmarkt 7, Tel. 09 2330765, www.oorcussen.be, Di.–Sa. 10.30–18 Uhr, Mo. 13.30–18 Uhr. Accessoires und Designer-Kleidung der Edelschneider Dries van Noten, Ann de Meulemeester u. a.

🏠**148** [III E5] **Mosterdfabriek Tierenteyn-Verlent**, Groentenmarkt 3, Tel. 09 2258336, www.tierenteyn-verlent.be, Mo.–Fr. 8.30–18, Sa. 9–18 Uhr. Seit 1790 wird hier Senf gemacht und in kleinen Steinguttöpfchen abgefüllt, ideale Souvenirs.

🏠**149** [III E5] **Suite**, Hoogport 59, Tel. 09 2338391, www.suite-gent.be, Mo. 14–18, Di.–Sa. 10.30–12.30 u. 13.30–18 Uhr. Individuelle Damenmode internationaler Designer.

🏠**150** [III E5] **'t Dreupelkot**, Groentenmarkt 12, Tel. 09 2242120, www.dreupelkot. be, Mo.–Sa. ab 16 Uhr. Gut 200 Sorten des besten Genever (s. S. 88).

🏠**151** [III E5] **Zsa Zsa Rouge**, Serpentstraat 22, Tel. 09 2259363, www.zsazsarouge. be, Mo.–Sa. 10–18 Uhr. Vintage vom Feinsten: Kitschtassen und vieles, was man nicht braucht, aber trotzdem gefällt. Wer nach Originalen sucht: „In de Gouden Schaar" heißt der Laden nebenan, der alles aus den 1950er- und 1960er-Jahren feilhält.

Märkte in Gent

🏠**152** [III E5] **Biolebensmittel**, Groentenmarkt, Fr. 7.30–13 Uhr

🏠**153** [III E6] **Blumenmarkt**, De Kouter, tgl. 7–13 Uhr

🏠**154** [III D6] **Büchermarkt**, Ajuinlei, So. 9–13 Uhr

🏠**155** [III F4] **Flohmarkt**, Beverhoutplein, Fr.–So. 8–13 Uhr

🏠**156** [III F5] **Haustier- und Fahrradmarkt**, Oude Beestenmarkt, So. 7–13 Uhr

❯ **Vrijdagmarkt** ㉜, Vogelmarkt (Kleintiere) So. 7–13 Uhr, allgemeiner Markt Fr. 7.30–13 Uhr, Sa. 11–18 Uhr

◹ *Mosterdfabriek Tierenteyn-Verlent*

Gent für Naschkatzen

Cuberdons sind eine der Genter Spezialitäten. Die Süßigkeiten mit einem weichen Kern aus Gelee werden nicht exportiert und sind deshalb eigentlich nur in Belgien erhältlich. Weil sie kleinen Nasen ähneln, heißen sie volkstümlich *Neuzeke* (Näschen). Angeboten werden sie überall in der Stadt, die angeblich besten gibt es beim Zuckerbäcker Temmerman.

163 [III E4] **Temmerman**, Kraanlei 79, Tel. 09 2240041, Di.–Sa. 11–18 Uhr. Kleines Geschäft mit großer Tradition, seit über 100 Jahren werden hier Süßwaren produziert. Die Spezialität sind die *Mammelokkerkes* (s. S. 94): kleine Kekse in Form kleiner Brüste, gefüllt mit Mandelcreme und Kokos!

Weitere **Genter Spezialitäten** kann man samstagnachmittags um 15.30 Uhr auch auf einem zweistündigen geführten Rundgang vom Touristenbüro am Sint-Veerleplein (s. S. 119) kennenlernen!

Gastronomie

Restaurants

157 [III E4] **De Blauwe Zalm** €€–€€€, Vrouwebroersstraat 2, Tel. 09 2240852, www.deblauwezalm.be, Di.–Fr. 12–13.30, Mo.–Sa. 19–21.30 Uhr. Elegantes Fischlokal im Szeneviertel Patershol. Vor allem am Wochenende Reservierung nötig!

158 [III F6] **De Vitrine** €€–€€€, Branbantdam 134, Tel. 09 3362808, www.de-vitrine.be, Di.–Fr. 12–14, Di.–Sa. Abendreservierungen um 18.30 und 21 Uhr. Zwanglose Bistroküche des Sternekochs Kobe Desramaults in einer alten Metzgerei. Drei-Gänge-Mittagslunch ab 33 €.

159 [III E4] **J.E.F.** €€–€€€, Lange Steenstraat 10, Tel. 09 3368058, www.j-e-f.be, Di.–Do. 12–14 u. 19–22, Fr.

Dinner for one

164 [III D5] **Restaurant Korenlei Twee** €€–€€€, Korenlei 2, Tel. 09 2240073, www.korenleitwee.be, Di.–Sa. 12–14.30 u. 18.30–22 Uhr, So. Brunch (mit Livemusik) 11–14.30 Uhr. Elegantes Restaurant in altem Speicherhaus, das mit Lammschulter oder frischer Seezunge verwöhnt. Für alle, die sich auch allein was gönnen wollen! Im Sommer schöne Terrasse mit Blick auf die Leie.

Essen mit Aussicht

165 [III E5] **De Foyer** €–€€, Sint-Baafsplein 17, Tel. 09 2341354, www.foyerntgent.be, Mi.–So. 12–14 und 18.30–21.30 Uhr (am Wochenende ab 10.30 Uhr durchgängig warme Küche). Brasserie im Theaterfoyer mit einmaligem Terassenblick auf St. Bavo und Belfried! Französisch-belgische Küche, täglich preiswerter Lunch, sonntagvormittags Brunch-Buffet.

12–14, 19–1, Sa. 19–22 Uhr. Kulinarische Glanzstückchen aus einfachen Zutaten. Der sternegekrönte Chef gehört zu den *Flemish Foodies,* den neuen wilden Köchen Flanderns.

Für den kleinen Hunger und Geldbeutel

160 [III E4] **Barista** €, Meerseniersstraat 16, Tel. 488469830, Di.–Fr. 8–18, Sa.–So. 9.30–18 Uhr. Kleines, einfaches Café mit Bio-Brot und Kuchen.

161 [III F4] **Eetkaffee Multatuli** €, Huidevetterskaai 40, Tel.09 2230711, www.eetkaffee-multatuli.be, Mi.–So. ab 16 Uhr. Etwas abseits der City, aber der Weg lohnt! Punkten kann der mit Bier gekochte Eintopf *(Stoverij).*

162 [III E5] **Etablissement Max** €, Goudenleeuwplein 3, Tel. 09 2239731,

065fl Abb.: gs

Für den späten Hunger

🕔**175** [III F6] **Martino** €-€€, Vlaanderenstraat 125, Tel. 09 2250104, www.martinogent.be, Mi.-So. 18-1 Uhr. Pizza, Hamburger, Steaks und Omeletts in modernem Neonlicht-Ambiente. Bekannt für das *broodje Martino* – ein opulentes Sandwich. Multikulturelles Publikum.

www.etablissementmax.be, Mi.-Mo. 11.30-18 Uhr (am Wochenende auch länger). Renommierte Waffelbäckerei mit langer Familientradition, die Ahnen des Brasserie-Chefs sollen 1839 das Waffelbacken erfunden haben.

🖢**166** [III E4] **Soup Lounge** €, Zuivelbrugstraat 6, Tel. 09 2236203, tgl. 10-19 Uhr. Täglich werden vier frische Suppen hausgemacht, dazu gibt zwei Brötchen und Obst. Gesund, lecker und preiswert, ideal für den kleinen Hunger!

Vegetarische Küche

🖢**167** [III D4] **Avalon**, Geldmunt 32, Tel. 09 2243724, www.restaurantavalon. be, Di.-Sa. 11.30-14.30 Uhr. Vegetarisches Restaurant gegenüber der Burg Gravensteen mit feinster Küche.

🖢**168** [III E7] **Greenway Foods** €, Nederkouter 42, Tel. 09 2690769, www. greenway.be, Mo.-Sa. 11-21 Uhr. Das erste belgische vegetarische Fast-Food-Lokal ist noch immer ein Renner. Große Salat- und Saftbar, Pasta, Veggieburger, Schokokuchen für Veganer.

Cafés

🖢**169** [III E5] **Huize Colette**, Belfortstraat 6, Di.-Fr. 9-19, Sa.-So. 10-19 Uhr. Mischung aus Café und Gebrauchtbuchladen. Bekannt für heiße Schokolade, zu der leckere Kuchen auf den Tisch kommen. Beliebt ist auch der Brunch!

🖢**170** [III E4] **Julie's House**, Kraanlei 13, Tel. 09 2333390, Mi.-Sa. 9-18.30 Uhr. Kuchen und Kaffee satt neben feinem Tee. Auch gut geeignet um zu frühstücken!

🖢**171** [III E7] **Quetzal**, Sint-Pietersnieuwstraat 99, Tel. 09 2241527, www.chocoladebar.be, Mo.-Do. 13-23, Fr.-So. 13-18 Uhr. Der Himmel für Schokofreunde! In Antwerpen gibt es einen Zweitladen am Lijnwaadmarkt 11 (Mo.-Sa. 12-22, So. 12-18 Uhr).

Nachtleben

🖢**172** [III D5] **Belga Queen Cigar Lounge**, Graslei 10, Tel. 09 2800100, www.belga queen.be, Mo.-Sa. ab 19 Uhr. Luxuriöse Klubsessel in kolonialem Ambiente. Dazu gelegentlich Livemusik: Jazz, Latin, Soul oder einfach Piano.

🖢**173** [III F5] **Charlatan**, Vlasmarkt 6, Tel. 09 2242457, www.charlatan.be, Di.-So. ab 18 Uhr. Musik-Café im Epizentrum des Genter Nachtlebens, oft kostenlose Livekonzerte, Party bis zum Morgengrauen!

🖢**174** [III H1] **Culture Club**, Afrikalaan 174, www.cultureclub.be, Tel. 09 2330946, tgl. ab 23 Uhr. Wer gesehen werden will, muss sich hier zeigen. Im weit außerhalb der Stadt gelegenen Klub gibt es einen Dresscode, auf den die Türsteher genau achten!

❶**137** [III E4] **Jiggers,** Oudburg 16, Tel. 09 3357025, www.jiggers.be, Mo. 18–1 Uhr, Di.–Do. 17–1, Fr./Sa. 17–2.30 Uhr. Angesagte Cocktailbar für Freunde von Martinis, Cosmopolitans und Manhattans.

❶**138** [III E5] **Pink Flamingo's,** Onderstraat 55, www.pinkflamingos.be, Tel. 09 2334718, Mo.–Mi. 12–24, Do.–Fr. 12–3, Sa. 14–3, So. 14–24 Uhr. Junge Leute und solche, die sich so fühlen, sollten sich die Adresse merken. Feinster Vintage-Kitsch samt passender Musik und Möblierung.

❷**139** [III E5] **Tijuana,** Schuurkenstraat 2, Tel. 09 5265938, www.tijuana.be, Do.–Sa. ab 22 Uhr. House- und Electromusik in einem alten Jugendstilhaus im Herzen der Stadt.

Theater und Konzerte

♻**140** [III F7] **Capitole,** Graaf van Vlaanderenplein 5, Tel. 09 2332999, www.capitolegent.be. Das ehemalige Kino ist heute ein Mekka der Musicalfreunde. 1500 Personen können sich hier außerdem auf Ballettaufführungen, Comedy und Kabarett freuen.

♻**141** [III E6] **Handelsbeurs – Konzertsaal,** Kouter 29, Tel. 09 2659165, www.handelsbeurs.be. Eine der ersten Genter Konzert- und Veranstaltungsadressen. Pop, Rock, Weltmusik, Jazz und Klassik sind hier zu Hause.

♻**142** [III E5] **Het Trefpunt,** Bij Sint Jacobs 18, Tel. 09 2253676, Mo.–Do. ab 17 Uhr, Fr.–So. ab 16 Uhr. Multikulti-Treff, der oft Livekonzerte und Theater anbietet. Sonntags Disco, donnerstags Comedy.

◁ *Viele Restaurants finden sich rund um die Sint-Baafsplein* ㉘ *im Zentrum der Altstadt*

„Veggiestadt" Gent

Seit 2009 ist in Gent jeden Donnerstag „Veggietag". Dann kommt in allen öffentlichen Einrichtungen wie Kantinen oder Mensen vor allem Gemüse auf den Teller.

Im Tourismusbüro (s. S. 119) liegen Stadtpläne aus, welche die rund 100 Gaststätten und Geschäfte auflisten, die sich mit vegetarischen Gerichten und Waren an der Aktion beteiligen. Interessenten können sich eine Broschüre aus dem Internet herunterladen (www.visitgent. be). Inzwischen haben sich auch Unterkünfte angeschlossen, die vegetarisches Frühstück anbieten.

Wissenschaftler hatten den Gentern zu Beginn ihrer vegetarischen Offensive vorgerechnet, dass, wenn sich alle Einwohner einmal wöchentlich fleischlos ernähren, sie die CO_2-Emissionen von umgerechnet 18.000 Autos wettmachen. Inzwischen macht das Beispiel Gent weiter Schule. Auch hierzulande haben sich inzwischen Städte wie Bremen und andere Kommunen der Aktion angeschlossen.

♻**143** [III D7] **Musikzentrum De Bijloke,** Jozef Kluyskenstraat 2, Tel. 09 2336878, www.debijloke.be. Musikzentrum mit vier Sälen, das jährlich mehr als 100 Konzerte bietet. Blickfang ist ein ehemaliger Krankensaal mit wunderschöner Holzdecke.

♻**144** [III E6] **Vlaamse Opera Gent,** Schouwburgstraat 3, Ticket-Tel. 070220202, www.vlaamseopera.be. Eine Spezialität dieses großen Opernhauses sind die sogenannten Lunchkonzerte im Opernfoyer, die während der Mittagspause stattfinden.

Museen und Galerien

⌂176 [III E4] **Huis van Alijn (Volkskundemusem Gent)**, Kraanlei 65, www.huisvanalijn.be, Tel. 09 2692350, Di.–Sa. 11–17, So. 10–17 Uhr, 5 €. Das kleine Museum im Herzen der Stadt erzählt vom Alltag aus der ersten Hälfte des 20. Jahrhunderts, von Mundart und Bräuchen, die die Flamen einst pflegten. Besonders schön ist der Innenhof, der vom Museumscafé bewirtschaftet wird.

⌂177 [III E8] **Kunsthalle St. Petersabtei**, Sint-Pietersplein 9, Tel. 09 2439730, www.sintpietersabdijgent.be, Di.–So. 10–18 Uhr, 8 € inkl. Movie-Guide. Highlight ist eine virtuelle Tour (Movie-Guide) mit dem Benediktinermönch „Alison", der zu den Geheimnissen der Abtei führt. Ein Spaß für die ganze Familie!

⌂178 [III A2] **Museum Dr. Guislain – Geschichte der Psychiatrie (Außenseiterkunst)**, Jozef Guislainstraat 43, www.museumdrguislain.be, Tel. 09 2163595, Di.–Fr. 9–17, Sa.–So. 13–17 Uhr, Eintritt: 6 €. Das gibt es nur einmal in Belgien: ein ganz der Psychiatrie und ihrer Geschichte gewidmetes Museum. Die älteste psychiatrische Einrichtung des Landes, ein Irrenhaus aus dem Jahr 1857, bildet die eindrucksvolle Kulisse. Die Geschichte der Psychiatrie dokumentieren zahllose Fotografien aus dem 19. Jh. und ausgesuchte Ausstellungsstücke. Anhand einer großen Sammlung sogenannter „Außenseiterkunst" fragt das Museum zudem, was normal ist oder nicht – eine Frage, die den Toleranzbegriff schärfen soll.

❹① [III E9] **Museum für Schöne Künste**, Gent. Der Schwerpunkt liegt in Gent auf der Kunst des 19. und 20. Jahrhunderts: Romantiker, Impressionisten, Expressionisten und Surrealisten verzaubern hier die Betrachter. Highlight der Sammlung sind aber zwei Gemälde von Hieronymus Bosch.

⌂179 [III F4] **Museum für Industrie-Archäologie und Textil (MIAT)**, Minnemeers 9, Tel. 09 2694200, www.miat.gent.be, Di.–So. 10–18 Uhr, 5 €. Das Museum in einer ehemaligen Baumwollspinnerei erzählt über fünf Stockwerke vor allem Technikgeschichte. Am Beispiel einer Großfamilie wird in dem Museum die Industrialisierung über sechs Generationen hinweg veranschaulicht: von den Anfängen, als der Arbeitskampf noch in den Kinderschuhen steckte, bis zur Internetgesellschaft von heute. Die Textilgeschichte führt von den Anfängen der Baumwollverarbeitung bis in die Moderne und macht deutlich, was Kleidung heute alles kann.

⌂180 [III D5] **Museum voor Sierkunsten (Designmuseum Gent)**, Jan Breydelstraat 5, Tel. 09 267999, http://design.museum.gent.be, Di.–So. 10–18 Uhr, 5 €. Im alten Bürgerhaus „Hotel de Coninck" aus dem 18. Jh. finden sich Meisterwerke europäischer Designer neben Prachtstücken des Art déco. So gehört dem Museum eine der schönsten Art-nouveau-Sammlungen Belgiens. Die ausgestellten Designerstücke umfassen Möbel, Kleidung, Keramik, Glas und Kleinfahrzeuge.

❹② [III E9] **S.M.A.K. Gent**. Das Museum für Aktuelle Kunst, das größte seiner Art in Flandern, liegt direkt neben dem Museum für Schöne Künste ❹① im Citadelpark. Neben den Wechselausstellungen zeigt das Museum immer wieder neue Werke aus seinem mehr als 2000 Arbeiten umfassenden Fundus. Das S.M.A.K. gilt wegen seiner Präsentationsformen als Trendsetter zeitgenössischer Kunst.

❸⑨ [III D8] **STAM – Stadtmuseum Gent**. Das neue Museum erzählt Gents Geschichte auf modernste Art: virtuell und real mit vielen archäologischen Funden, Gemälden und anderen musealen Gegenständen.

Praktische Reisetipps

004fl Abb.: gs

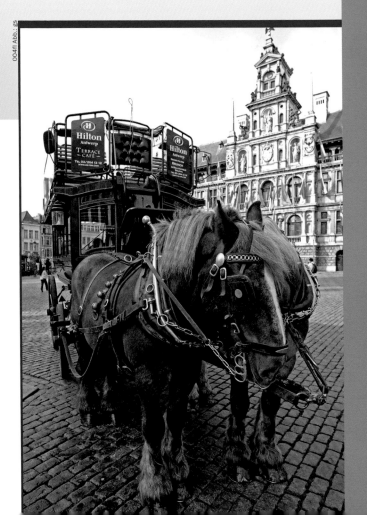

An- und Rückreise

Wer Flanderns Metropolen besuchen will, braucht eigentlich kein eigenes Fahrzeug, denn alle Städte sind **mit dem Zug leicht zu erreichen.** Vor Ort stehen für Fußfaule Mietwagen oder Fahrräder zur Verfügung. Was gegen das eigene Auto spricht, sind zudem die **großen Fußgängerzonen und teuren Parkplätze.** Vor allem Gent hat seine Innenstadt zum Großteil für den Verkehr gesperrt.

Wer allerdings einen kurzen Badeurlaub an der Nordsee in sein Ferienprogramm mit einplant oder seine Zelte nicht in der Stadt, sondern auf dem Land aufschlagen will, ist mit den eigenen vier Rädern am besten dran. Die Anreise mit dem Flugzeug lohnt sich der Zeitersparnis wegen bestenfalls für Österreicher, Schweizer, Süd- und Ostdeutsche.

Mit dem Auto

Wer nicht gerade im deutschen Westen wohnt, ist mit dem Auto nach Flandern gewöhnlich einen Tag unterwegs. Wer aus Österreich, der Schweiz oder Süddeutschland anreist, sollte unter Umständen eine Übernachtung in der Saar-Lor-Lux-Region oder den Ardennen einplanen. Die **grüne Versicherungskarte** als Nachweis der Kfz-Haftpflichtversicherung ist für die Einreise nach Belgien keine Pflicht, kann einem aber Ärger ersparen. Selbstverständlich ist die Mitnahme von Fahrzeugschein und Führerschein.

◁ *Vorseite: Pferdewagen am Antwerpener Grote Markt* ❾

Belgien hat ein **besonders dichtes und sehr gut ausgebautes Autobahnnetz.** Die Anreise nach Flandern erfolgt in der Regel über die Autobahn Köln–Aachen–Brüssel oder Duisburg–Eindhoven–Antwerpen oder für alle, die aus Richtung Schweiz oder Baden-Württemberg kommen, über die Autobahn Luxemburg–Brüssel.

Mautgebühren kennt Belgien im Moment noch keine. Nur der Autobahntunnel auf dem Antwerpener Ring kostet Gebühren. Allerdings plant das Land ab 2016 die Einführung einer Maut auf Autobahnen und Schnellstraßen.

Mit dem Zug

Nachdem auch Belgien seine Schnellbahnstrecken weiter ausgebaut hat, ist die Bahn eine bequeme und **schnelle Alternative zum Auto.** Viele Züge fahren direkt nach Brüssel, von wo es nicht mehr weit zu den anderen flandrischen Städten ist. So ist man z. B. von Frankfurt aus mit dem ICE in rund drei Stunden in Belgiens Hauptstadt, etwa sieben Stunden dauert die Anreise aus Hamburg oder Berlin.

Von Brüssel aus verkehren Anschlusszüge Richtung Antwerpen, Gent oder Brügge tagsüber mindestens im Stundentakt, zu Spitzenzeiten noch häufiger. Die Fahrzeit von Brüssel nach Antwerpen dauert ca. 35 Minuten, nach Gent rund 40 Minuten und nach Brügge eine knappe Stunde. Belgiens Bahnen fahren übrigens links. Wer also seinen Bahnsteig wie gewohnt nach Gefühl wählt, sieht seinen Zug dann auf der anderen Seite abfahren!

Wer nicht an einen bestimmten Termin gebunden ist, sollte den **Sondertarif Europa-Spezial** der Deutschen Bahn nutzen, der schon für

39 € (1. Klasse: 69 €) eine einfache Fahrt nach Flandern möglich macht. Allerdings muss man sich dann auf bestimmte Züge festlegen, man ist also nicht so flexibel wie mit einer normalen Fahrkarte. Über die besten Zugverbindungen informieren die Webseiten der jeweiligen Bahngesellschaften:

> www.bahn.de
> www.sbb.ch
> www.oebb.at
> www.belgianrail.be
> **Info-Telefon der Belgischen Bahn** zu Sonderangeboten und Fahrzeiten: Tel. +32 (0)25 282828 (tgl. 7–21.30 Uhr)

Mit dem Bus

Für jüngere Leute und Reisende mit größerem Gepäck und viel Zeit ist die Anreise mit dem Bus eine Überlegung wert. In der Regel fährt das Busunternehmen Deutsche Touring von vielen größeren deutschen Städten aus nach Flandern. Von Wien über Linz betreibt die Firma Eurolines, ein Zusammenschluss europäischer Busgesellschaften, eine Verbindung nach Belgien (ab 65 € hin und zurück).

> www.eurolines.com

Mit dem Flugzeug

Auch wenn Antwerpen einen eigenen Airport hat, aus Deutschland, Österreich und der Schweiz wird die Stadt nicht direkt angeflogen. Das gilt auch für den westflämischen Flughafen Ostende/Brügge. Für Flugreisende nach Flandern bleibt so zur Anreise gewöhnlich nur der **internationale Flughafen Brüssel-Zaventem** (www.brusselsairport.be), der knapp 14 km nordöstlich von Brüssel liegt. Antwerpen-Besucher können auch den internationalen Flughafen im niederländi-

schen Amsterdam nutzen, von wo der superschnelle Thalys in einer knappen Stunde in der Stadt ist.

Amsterdam und Brüssel werden täglich von allen großen deutschen, Schweizer und österreichischen Flughäfen aus angesteuert. Oft – wie nach Berlin, Frankfurt, Zürich oder Wien – gibt es gleich mehrere Verbindungen am Tag. Zu den **wichtigsten Fluglinien** nach Belgien gehören Lufthansa, Germanwings, Austrian Airlines, Swiss und Brussels Airlines. Als Chartergesellschaft operiert auf der Strecke nach Berlin, Basel und Genf auch easyJet. Germanwings verbindet die belgische Hauptstadt mit Stuttgart, Hamburg, Hannover, Berlin, Bremen und Wien.

Suchmaschinen (z. B. www.swoodoo.com) helfen gelegentlich bei der Jagd nach einem Schnäppchen. Oft kann man, wenn man seine Reise nur um ein paar Stunden oder Tage verlegt, sehr viel Geld sparen.

> www.lufthansa.com
> www.brusselsairlines.com
> www.swiss.com
> www.easyjet.com
> www.austrian.com
> www.germanwings.com

Kein Problem ist die Verbindung **vom Flughafen Brüssel in die flandrischen Metropolen.** Direkt unter dem Terminal befindet sich eine Bahnstation, von der Züge mehrmals in der Stunde in ca. 20 Minuten zu den drei wichtigsten Bahnhöfen Brüssels (Nord, Centrale und Midi) fahren. Von dort geht es meist problemlos weiter. „Diabolo" heißt eine neue Schnellzugverbindung, die den Brüsseler Flughafen Zaventem in einer guten halben Stunde mit Antwerpen verbindet und den zeitraubenden Umweg über Brüssel überflüssig macht.

Gut sind auch die **Busverbindungen vom Flughafen.** So fährt jede Stunde der „Airport Express" direkt in die Innenstadt von Antwerpen und umgekehrt. Die Fahrzeit beträgt rund 45 Minuten, Tickets (Erwachsene 10 €, Kinder 5 €) gibt es direkt beim Fahrer. Die Busse verkehren von morgens um fünf Uhr bis Mitternacht.

> www.airportexpress.be

Autofahren

Autofahrer sollten sich auf ein **Geschwindigkeitslimit** auf allen belgischen Autobahnen von 120 km/h einrichten. Auf zweispurigen Nationalstraßen gilt Tempo 90, in Ortschaften Tempo 50 oder 30. Raser seien vor der belgischen Polizei gewarnt, die mit Radargeräten überall präsent ist. Zudem sind die Strafen für Raser in Belgien deutlich höher als in anderen Ländern. Wichtig: **Bußgelder** müssen Touristen **an Ort und Stelle bar begleichen.**

Straßenbahnen und Busse haben immer Vorfahrt. Die **Alkoholgrenze** beträgt 0,5 ‰. Wer mehr Alkohol im Blut hat, ist seinen Führerschein erst einmal für ein paar Stunden los! Und natürlich sind auch in Belgien **Handytelefonate am Steuer** verboten.

Wegen des Mangels an Parkraum in den Innenstädten kennen Flanderns Behörden gegenüber Parksündern wenig Pardon. Da die **Parkgebühren** in den Innenstädten recht hoch sind, in der Regel mindestens 2 € pro Stunde, ist es oft sinnvoll, sein Fahrzeug außerhalb der City auf einem ausgeschilderten Park-and-ride-Platz zu parken und mit Bus oder Straßenbahn weiterzufahren.

Öffentliche Parkgaragen sind mit dem Schild „Parkeergarages" markiert. Sollte man entlang einer Straße einen Parkplatz gefunden haben, zieht man sein Parkticket *(Parkeerticket)* aus einer der Parkuhren *(Parkeermeter)* in der Nähe. (In den meisten Städten müssen Parkuhren inzwischen bis 22 Uhr bedient werden.) Seit neuestem kann man an vielen Parkuhren auch per Handy bezahlen. Vor Bordsteinen, die mit einer gelben Linie durchgehend gekennzeichnet sind, besteht generelles **Parkverbot.**

Mitnehmen müssen Autofahrer nach Belgien auch eine **Warnweste,** die nach einem Unfall oder einer Panne angelegt werden muss. Wer bei Kontrollen ohne Weste erwischt wird, muss mit sehr hohen Bußgeldern rechnen. Da die belgischen Pannenhilfe-Unternehmen nicht verpflich-

035fl Abb.: gs

◁ *Jetzt auch für Parker in Flandern: Zahlen per Mobiltelefon* tet sind, Nichtmitgliedern zu helfen, empfiehlt es sich, vor Reiseantritt einen im Ausland gültigen **Schutzbrief** zu erwerben, der u. U. größere Ausgaben erspart.

> **Allgemeine Pannen-Notrufnummer:** 070 344777, mit Handy +32 (0) 70344777
> **ADAC:** Tel. +49 (0)89 222222
> **ÖAMTC:** Tel. +43 (0)1 2512000
> **Touring Club Schweiz:** Tel. +41 (0)22 4172220

Fast alle großen **Mietwagenfirmen** haben in den drei flandrischen Städten und auf dem Flughafen Brüssel-Zaventem Verleihstationen. Am besten bucht man sein Fahrzeug schon von zu Hause aus, entweder direkt beim Vermieter oder über einen der vielen Internetbroker:

> www.billiger-mietwagen.de
> www.holidayautos.de

Barrierefreies Reisen

Auf dem oft **holprigen Pflaster** in den historischen Stadtkernen ist das Rollstuhlfahren nicht immer einfach. Auch fehlt manchmal ein behindertengerechter Zugang zu Hotels und Museen. Allerdings werden überall große Anstrengungen unternommen, diese Defizite abzubauen. So sind die meisten **großen Museen inzwischen barrierefrei**, außerdem wurden auf öffentlichen Parkplätzen spezielle Plätze für Behinderte ausgewiesen. Auch die öffentlichen Busse sind großteils behindertengerecht ausgestattet, zumindest alle neuen Fahrzeuge.

Für **allgemeine Auskünfte** über behindertengerechtes Reisen (Hotel, Museen, Freizeitmöglichkeiten) steht die Organisation „Toegankelijk Rei-

zen" zur Verfügung, ein Service von Tourismus Flandern, der aus der Zusammenarbeit verschiedener Organisationen hervorgegangen ist. Auf der Website der Organisation (www.toevla.be) finden sich viele Tipps, die Blinden und Behinderten das Reisen erleichtern. Dort kann man auch nachschauen, wie rollstuhltauglich etwa Hotels, Restaurants oder Museen in Flandern sind.

> **Toegankelijk Reizen,** Grasmarkt 61, 1000 Brüssel, www.toegankelijkreizen. be, Tel. +32 (0)25040340 (Mo.–Fr. 10–16 Uhr)

Diplomatische Vertretungen

> **Botschaft der Bundesrepublik Deutschland,** Rue Jacques de Lalaingstraat 8–14, 1040 Brüssel, Tel. +32 (0)2 7871800, Bereitschaft für Notfälle: Tel. 0475 577762, www.bruessel.diplo.de, Mo.–Fr. 9–12, Mi. auch 14.30–16 Uhr
> **Österreichische Botschaft,** Place du Champ de Mars 5, 1050 Brüssel, www. bmeia.gv.at, Tel. +32 (0)2 2890700, Bereitschaft für Notfälle: 0486 288104, Mo.–Fr. 10–12.30 Uhr
> **Schweizer Botschaft,** Rue de la Loi 26, 1040 Brüssel, Tel. +32 (0)2 2854350, www.eda.admin.ch/bruxelles, Mo.–Fr. 9–12 Uhr

Elektrizität

In Belgien beträgt die Stromspannung in der Regel 230 Volt Wechselstrom bei einer Frequenz von 50 Hz, ist also mit jener in D, A und CH identisch. Für mitgebrachte Geräte wie Föhn oder Laptop dürften die genormten Steckdosen problemlos sein.

Geldfragen

Belgien ist **Teil der Euro-Zone**, sodass ein Devisentausch für Deutsche und Österreicher nicht nötig ist.

Die **Mehrwertsteuer** beträgt 21 % und heißt auf Niederländisch „Belasting over de Toegevoegde Waarde", kurz BTW. Für Nahrungsmittel, Zeitungen, Bücher und ein paar Waren oder Dienstleistungen, die als Grundbedürfnisse angesehen werden, gilt ein ermäßigter Mehrwertsteuersatz von 6 %. Da Geschäfte, Restaurants und Hotels, Museen und große Veranstalter in der Regel alle gängigen **Kreditkarten** akzeptieren, braucht man in seiner Reisekasse eigentlich nur Taschengeld. Bei Zahlung mit einer Kreditkarte muss man aber unter Umständen seinen Ausweis vorlegen.

Wie anderswo auch sind in Belgien die **Preise** in den Stadtzentren oft höher als im Umland. Das gilt vor allem für Unterkunft und Verpflegung. So zahlt man auf dem Marktplatz in Brügge für ein Glas Bier deutlich mehr als in einer Kneipe am Stadtrand. Das Preisniveau selbst ist zuletzt angestiegen, was vor allem auch an Steuererhöhungen wie etwa für Bier oder Wein liegt. Mit einem Mittelklassehotel und zwei Mahlzeiten am Tag sollte man, ein paar Museumsbesuche mit eingerechnet, pro Person mit einem Tagessatz von 120 bis 150 € in allen drei Städten gut hinkommen.

Wechselkurs

Der Wechselkurs des Schweizer Franken zum Euro schwankt:
1 CHF = 0,84 €,
1 € = 1,20 CHF
(Stand: Herbst 2013)

Flandern preiswert

> *Restaurantbesucher können **mittags meist billiger essen als abends**. Viele Gastronomen bieten einen speziellen **Mittagslunch** an, ein meist dreigängiges Mahl, dessen Preis oft deutlich unter dem der abendlichen Menüs liegt.*

> ***Billige Bahnfahrten** in Belgien erlauben zahlreiche Bahnpässe europäischer Eisenbahngesellschaften. So gibt es Pässe, die preiswertes Reisen in Deutschland und allen Benelux-Staaten ermöglichen, oder Angebote, die nur in Belgien gelten (drei Tage ab 97 €). Außerdem gibt es für Wochenendfahrten (Fr.-So.) 50 % Ermäßigung. Und auch Senioren über 65 Jahren erhalten Vorzugstickets (www.eurail.com).*

> *Viel Geld lässt sich auch mit „City Cards" sparen. In Brügge erlaubt die **Brugge City Card** eine kostenlose Grachtenfahrt, freien Eintritt in über 20 Museen sowie Ermäßigungen bei der Fahrradmiete oder beim Parken. **Antwerpens City Card** gewährt den kostenlosen Zugang zu vielen Museen und Kirchen sowie Vergünstigungen in Geschäften, bei der Fahrradleihe und in Restaurants. In Gent erlaubt die **CityCard Gent** kostenlose Fahrten zu Wasser und zu Land sowie freien Eintritt in die wichtigsten Museen und Sehenswürdigkeiten. Die Pässe sind in den Fremdenverkehrsämtern der drei Städte (siehe Kapitel „Infostellen in den Städten", rechte Seite) erhältlich!*

Informationsquellen

Infostellen zu Hause

> Deutschland: Tourismus Flandern-Brüssel, Cäcilienstraße 46, 50667 Köln, Tel. 0221 2709770, www.flandern.com
> Österreich und Schweiz: Tourismus Flandern-Brüssel, Mariahilfer Str. 121b, 1060 Wien, Tel. 01 5960660, www.flandern.at

Infostellen in den Städten

❶181 [I E6] **Tourismus & Kongress Antwerpen,** Grote Markt 13–15, 2000 **Antwerpen,** Tel. +32 (0)3 2320103, www.visitantwerpen.be, Mo.–Sa. 9–17.45 Uhr, So. 9–16.45 Uhr. Eine Zweigstelle der Touristeninformation, die zu den gleichen Zeiten geöffnet hat, findet sich am Antwerpener Hauptbahnhof ❶.

❶182 [II C8] **Toerisme Brugge,** 't Zand 34 (Concertgebouw), 8000 **Brügge,** Tel. +32 (0)50 444646, www.brugge.be, Mo.–Sa. 10–17, So. 10–14 Uhr. Weitere Infostellen finden sich am Bahnhof (Mo.–Fr. 10–17 Uhr, Sa.–So. 10–14 Uhr) und am Markt [D7] (tgl. 10–17 Uhr).

❶183 [III D5] **Toerisme Gent,** Sint-Veerleplein 5, 9000 **Gent,** Tel. +32 (0)9 2665660, www.visitgent.be, Mo.–Fr. 9.30–18.30 Uhr (Nov.–März 9.30–16.30 Uhr).

> **Use-It,** www.use-it.be, Tel. +32 (0)9 3243906. Website der flandrischen Städte eigens für Jugendliche.

Die Städte im Internet

> www.visitantwerpen.be , www.brugge.be, www.visitgent.be: Die offiziellen Seiten der Verkehrsämter der drei Städte verschaffen einen ersten Überblick über die touristischen Angebote.
> www.rubensonline.be: Unter dieser Internetadresse findet sich eine aktuelle Datenbank mit Informationen zu allen in Flandern befindlichen Rubens-Gemälden.
> www.antiek.com: lückenlose Auflistung der Trödel- und Antiquitätenläden in den belgischen Städten (englisch)

Publikationen und Medien

Die **wichtigsten Tageszeitungen** der Region sind die in Antwerpen erscheinende „Gazet van Antwerpen". In Gent wird die Zeitung „De Gentenaar" geschätzt. Beide Blätter sind konservativ und unterhalten eigene Onlineausgaben. Eher linke Positionen vertritt „De Morgen". Meistgelesenes Blatt in Flandern ist die in Brüssel erscheinende „Het Laatse Nieuws".

Deutschsprachige Zeitungen und aktuelle Publikationen liegen gewöhnlich auch in den Stadtbibliotheken aus. Dort finden sich zum Teil auch Internetanschlüsse:

> **Stadtbibliothek Permeke – Antwerpen,** De Conickplein 26, Mo.–Do. 10–20, Fr./Sa. 10–17, So. 10–14 Uhr
> **Stadtbibliothek Brügge,** Kuiperstraat 3, Mo.–Fr. 9.30–19, Sa. 9.30–17 Uhr (Juli und August nur bis 13 Uhr)
> **Stadtbibliothek Gent,** Graaf van Vlaanderenplein 40, Mo.–Do. 10–19, Fr. 10–17, Sa. 10–17 Uhr

Eine **Übersicht über die wichtigsten Veranstaltungen** in den Städten geben unter anderem in Brügge das kostenlose „Brugge Cultuurmagazine". In Gent empfiehlt sich ein Blick in die Tageszeitung „De Gentenaar" (www.nieuwsblad.be). In Antwerpen sollte man die Beilagen der „Gazet von Antwerpen" (www.gva.be) durchforsten, die immer gute Vorschläge zu Freizeitaktivitäten wie Radwanderungen oder Stadtspaziergänge enthalten.

Internet

Die Versorgung mit öffentlich zugänglichen WLAN-Hotspots ist in allen drei Städten sehr gut. Im Grunde verfügen alle Hotels und auch immer mehr Restaurants sowie Cafés über WLAN-Verbindungen. Zum Teil sind diese allerdings kostenpflichtig! Brügge baut im Moment ein über die ganze Innenstadt verteiltes Drahtlos-Netz auf, das an den wichtigsten Punkten wie Bahnhof, Markt oder dem Platz 't Zand schon funktioniert. In der kostenlosen Version ist die Bandbreite allerdings stark eingeschränkt.

@184 [I E6] **2 zones**, Wolstraat 15, **Antwerpen**, Tel. 03 2322400, www.2zones.com, Mo.–Fr. 11.30–24 Uhr, Sa. u. So. 11.30–1 Uhr

@185 [II F6] **Bauhaus**, Langstraat 133–137, **Brügge**, Tel. 050 341093, tgl. 7–23 Uhr, minutengenaue Abrechnung

@186 [III F9] **Outpost Gent**, Ottergemsesteenweg 13, **Gent**, Tel. 09 2454484, tgl. 11.30–2 Uhr

Medizinische Versorgung

Das belgische Gesundheitssystem ist effizient und gut organisiert. Alle großen Kliniken stehen in Notfällen rund um die Uhr zur Verfügung. Was früher der sogenannte Auslandskrankenschein war, ist jetzt die **Europäische Krankenversicherungskarte (EHIC)**. Bei ihrer Vorlage wird man in Belgien in der Regel kostenlos behandelt. Vor allem bei Arztbesuchen kann Es kann aber vorkommen, dass man in Vorleistung gehen muss. In diesem Fall reicht man die **Rechnung** (gut aufbewahren!) anschließend bei der Krankenkasse ein. Da im Ausland **Zuzahlungen** anfallen können, die in Deutschland nicht erstattet werden, ist es ratsam, eine eigene **Reisekrankenversicherung** abzuschließen, welche die Kosten einer Privatbehandlung und gegebenenfalls den Rücktransport übernimmt.

Meine Literatur- und Filmtipps

> Georges Rodenbach, **Das tote Brügge**, Ditzingen 1986. Das Buch gilt als wichtiges Werk des literarischen Symbolismus und begründete den touristischen Ruf der Stadt.

> Klaus Schroer, **Das Rätsel des Lammes. Der Genter Altar und sein Geheimnis**, Münster 2007. Neueste Theorie zu Jan van Eycks Genter Altar: Das Ensemble wird als Motivation für die Kreuzritter gedeutet.

> Rob Kieffer, **Büßer, Bürokraten und Bierologen. Belgische Eskapaden**, Wien 2000. Schöne Beobachtungen des flandrischen Alltags.

> Francois Hauser, **Belgien fürs Handgepäck**, Zürich 2011. Hintergrundgeschichten zur Historie des Landes, seinen Künstlern und Köstlichkeiten.

> Posie Graeme-Evans, **Die Heilerin von Brügge**, München 2008. Fesselnder historischer Liebesroman aus dem mittelalterlichen Brügge.

> **Brügge sehen ... und sterben?** Spannender Spielfilm von 2008 mit Colin Farrell in der Hauptrolle und mit Brügge als einzigartiger Filmkulisse. Schwarzer Humor vom Feinsten!

Ausgewählte Krankenhäuser:

✚**187 A. Z. St. Augustinus,** Oosterveldlaan 24, **Antwerpen,** Tel. 03 4433900

✚**188 A. Z. Sint-Jan,** A. Ruddershove 10, **Brügge,** Tel. 050 452111

✚**189** [III E12] **Universitätsklinik Gent,** De Pintelaan 185, **Gent,** Tel. 09 3322111, Notaufnahme: Tel. 3322742

Der **ärztliche Bereitschaftsdienst** ist unter diesen Nummern zu erreichen:

❭ **Antwerpen:** Tel. 0900 10512

❭ **Brügge:** Tel. 050 452111

❭ **Gent:** Tel. 09 2365000

❭ **Zahnärzte Gent:** Tel. 09 0336996

Die unter der Bezeichnung *Apotheek* geführten **Apotheken,** gewöhnlich an einem grünen Neonkreuz zu erkennen, sind in der Regel wie alle Einzelhandelsgeschäfte werktags zwischen 9 und 12 und 14 bis 18 Uhr, zum Teil aber auch durchgehend geöffnet. Samstags ist meist bis 14 Uhr geöffnet. Wie in Deutschland auch hängt abends und an Wochenenden an jeder Apotheke eine Liste mit dem Apothekennotdienst *(wacht)* aus. Über die nächstgelegene, nachts geöffnete Apotheke informiert die landesweite Nummer 0900 10500 (tgl. 22–9 Uhr) oder die Website www.apotheek.be.

Mit Kindern unterwegs

Auch in Flandern hat man sich darauf eingestellt, dass zunehmend Kinder mit ihren Eltern auf Reisen sind. Das ein oder andere Museum bietet eigene Führungen oder spezielle Veranstaltungen für Kinder an, über die die Websites der Kulturorganisationen informieren. So offeriert beispielsweise das S.M.A.K. ㊷ in Gent oder das Rubenshaus ❺ in Antwerpen für Kinder eigene Führungen auch in deut-

scher Sprache. Im STAM (s. S. 112) kann mit Legosteinen an einem eigenen Gent gebaut werden. Weitere Empfehlungen:

●**190** [I H7] **Aquatopia,** Koningin Astridplein 7, **Antwerpen,** Tel. 03 2050740, www.aquatopia.be, tgl. 10–18 Uhr (Einlass bis 17 Uhr), Eintritt: 14,50 €, Kinder bis 12 Jahre und Senioren über 60 Jahre 10 €. Einmalige Unterwasserwelten in Bahnhofsnähe, mehr als zehntausend Fische und Meerestiere in natürlicher Umgebung sind hier zu bestaunen. Schon die Website macht neugierig!

●**191 Boudewijn Seapark,** A. De Baeckestraat, 128200 Sint-Michiels, Tel. 050 408408, www.boudewijnseapark. be, meist 10–17 Uhr (Juli und Aug. bis 18 Uhr), Eintritt: 25 €, Kinder bis 12 Jahre 20 €. Von Oktober bis März ist der Besuch bei eingeschränkten Öffnungszeiten preiswerter. Der Vergnügungspark für Alt und Jung vor den Toren der Stadt **Brügge** (Bus Nr. 7 oder 17 ab Haltestelle 't Zand ⓰) wartet mit einem großen Delfinarium auf. Tägliche Vorstellungen mit Seelöwen, Seehunden, Delfinen und Greifvögeln garantieren Spaß für die ganze Familie.

🏛**192** [III F8] „**De Wereld van Kina**", Sint-Pietersplein 14, **Gent,** Tel. 09 2447373, www.dewereldvankina.be, Mo.–Fr. 9–17, So. 14–17.30 Uhr, Eintritt: 2,50 €, Kinder bis 12 Jahre Eintritt frei. Viele Hundert Replikate, Modelle und Artefakte illustrieren in Kindern angemessener Darstellungsform die Entwicklung des Menschen, führen ein in die Welt der Tiere. Am anderen Stadtende (Berouw 55) unterhält das Museum eine eigene Pflanzenabteilung mit Flanderns ältestem Naturlehrgarten (Ticket ist für beides gültig).

●**193** [I F4] **Pirateneiland,** Kribbestraat 18, **Antwerpen,** Tel. 03 2135060, www. pirateneiland.be, 9 €. Ein Piratenschiff in einem alten Lagerhaus dient als Abenteuerspielplatz. Hier können Kinder bis 12 Jahre nach Herzenslust toben, während die Erwachsenen einen Kaffee genießen.

❷ [I 17] **Zoo Antwerpen.** Einer der ältesten und bekanntesten europäischen Tiergärten lässt nie Langeweile aufkommen. Zahlreiche Tiere erwarten Groß und Klein!

Notfälle

Notrufnummern

Auch in Belgien kann man Feuerwehr, Polizei und Sanitäter unter der europaweit einheitlichen **112** erreichen, aber auch die alten Nummern haben noch ihre Gültigkeit:

> **Feuerwehr und medizinischer Notdienst:** Tel. 100
> **Polizei:** Tel. 101
> **Gift-Notruf-Zentrale:** Tel. 070 245245
> **Tierärztlicher Bereitschaftsdienst:** 09 2170062
> **Telefonseelsorge:** 106

Kartenverlust

Bei **Verlust** von deutschen **Maestro-, Kredit- und SIM-Karten** gilt überwiegend die einheitliche **Sperrnummer 0049 116116**, im Ausland zusätzlich die Nummer 0049 3040504050. Details finden sich im Internet unter www.sperr-notruf.de. Es empfiehlt sich, (von einem erhaltenen Merkblatt bzw. der Kartenrückseite) die individuelle Karten-Sperrnummer zu notieren.

Da es für **österreichische und Schweizer Karten** keine zentrale Sperrnummer gibt, sollten sich deren Inhaber nach einer aktuell gültigen Notrufnummer ihres jeweiligen Kartenanbieters erkundigen.

Öffnungszeiten

Belgien kennt keine festen Öffnungszeiten. Das Gesetz schreibt lediglich vor, dass die Läden werktags zwischen 22 Uhr abends und 5 Uhr morgens geschlossen sein müssen, samstags ist spätestens um 21 Uhr Feierabend. In der Regel haben die Innenstadtgeschäfte zwischen 10 und 18 Uhr geöffnet. Das heißt aber auch, dass manche Läden schon um 9 Uhr oder noch früher öffnen, andere aber erst um 19.30 Uhr oder noch später schließen. Außerdem muss man damit rechnen, dass kleinere Läden in der Mittagspause geschlossen haben. Sonntags haben die Läden gewöhnlich zu, aber auch hier bestätigen Ausnahmen die Regel.

> **Geschäfte:** Mo.–Sa. 10–18 Uhr (Kernzeit)
> **Banken:** Mo.–Fr. 9–15.30 Uhr
> **Museen:** tgl. 10–17 Uhr (Kernzeit), viele sind allerdings montags oder dienstags geschlossen.

Post

Der Wert auf den Briefmarken wird in Belgien in **Frankierungseinheiten** von Eins bis Drei angezeigt, nicht mehr in Euro oder Cent.

Jedes Ziel verlangt eine passende Frankierungseinheit. Ein einfacher Brief (bis 50 g) nach Deutschland, Österreich oder in die Schweiz muss mit Frankierungseinheit Eins versehen werden. Die einfachste Wertmarke für eine **Auslandssendung** kostet 1,13 € pro Stück, ab 5 Marken 1,03 €. Das heißt, dass Briefmarken im Sammelkauf deutlich billiger sind. Die Wertmarken sind in Tabakläden, an Kiosken und auf Postämtern erhältlich.

Mit dem Rad durch Antwerpen
In Antwerpen kann man an vielen Stellen ein Fahrrad ausleihen, das an anderer Stelle wieder abgeben werden kann.

Die erste halbe Stunde ist dabei kostenlos, jede weitere Nutzung ist kostenpflichtig. Die Räder stehen an mehr als 130 Stationen im Stadtgebiet verteilt. Sie haben 3-Gang-Schaltung, Gepäckträger und wegen der vielen Straßenbahnschienen extra breite Reifen. Vier Stunden beträgt die maximale Leihzeit, dann muss der Drahtesel wieder an eine der Stationen zurück.
› www.velo-antwerpen.be

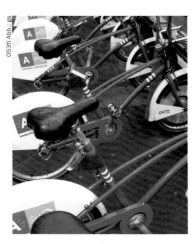

Die **Postämter** sind gewöhnlich montags bis freitags von 9 bis 17 Uhr und samstagvormittags geöffnet.
✉ **194** [I E7] **Hauptpost Antwerpen**, Groenplaats 43
✉ **195** [II D7] **Hauptpost Brügge**, Markt 5
✉ **196** [III E6] **Hauptpost Gent**, Lange Kruisstraat 55

Radfahren

Flandern ist **ein Paradies für Radfahrer.** Da es so gut wie keine großen Steigungen gibt, ist der Drahtesel eines der wichtigsten Verkehrsmittel der Region. Auch in vielen Zügen können Fahrräder gegen Gebühr problemlos mitgenommen werden. Gent hat eine eigene Radwegkarte für die Erkundung der Stadt und ihrer Umgebung aufgelegt (erhältlich im Touristenbüro oder unter www.visitgent.be).

Viele **Fahrradverleiher** haben sich auf Touristen eingestellt. Inzwischen werden auch Tandem-Räder und Mountainbikes angeboten. Auch die staatlichen Belgischen Eisenbahnen verleihen in Brügge und Gent preis-

günstig Fahrräder (Mo.–Fr. 7–19.30 Uhr, Sa./So. 9–21.40 Uhr). Pro Tag sollte man mit Mietkosten von rund 10 € rechnen. Hier einige Mietstationen für Räder:
● **197** [I D7] **De Ligfiets**, Steenhouwersvest 25, **Antwerpen**, www.ligfiets.be, Tel. 03 2937456
● **198** [III G7] **De Ligfiets**, Lange Violettstraat, **Gent**, www.ligfiets.be, Tel. 09 2234496
● **199** [II C9] **Bahnhof Centraal**, Stationsplein, **Brügge**, Tel. 050 302329
● **200** [II F6] **Bauhaus Bike Rental**, Langestraat 145, **Brügge**, Tel. 050 396826
● **201** [III C9] **Bahnhof St. Pieters**, Koningin Maria-Hendrikkaplein, **Gent**, Tel. 09 2412224
● **202** [III B10] **Max Mobiel**, Voskenslaan 27, **Gent**, www.max-mobiel.be, Tel. 09 428042. Der Anbieter unterhält auch eine Verleihstation im neuen Stadthaus neben dem Belfried.
› Infos im Internet: www.radflandern.com

☐ *Mein Rad, dein Rad – mit Velo hat „bike-sharing" in Antwerpen Einzug gehalten*

Schwule und Lesben

Antwerpen gehört zu den **Schwulen-hochburgen Europas.** Vor allem am Wochenende sind die Klubs Ziel vieler erlebnishungriger Männer jeden Alters – auch aus Deutschland und den Niederlanden. In keiner anderen belgischen Stadt heiraten mehr Homosexuelle. In der Van Schoonhovenstraat [I16/7] in der Nähe des Hauptbahnhofs ballen sich die Szenelokale, viele Partynächte fangen hier an.

In Antwerpen, aber auch in Gent, gibt es für Schwule und Lesben einen **eigenen Stadtplan,** der alle einschlägigen Adressen enthält. In Antwerpen ist die entsprechende Broschüre im Touristenbüro am Grote Markt (s. S. 119) erhältlich, in Gent im Schwulen- und Lesbenzentrum Casa Rosa (s. u.). Keine große Rolle dagegen spielt die Szene im öffentlichen Leben Brügges.
> www.gayflandern.de

Treffpunkte

❶**203** [I F5] **Hessenhuis Café,** Falconrui 53, **Antwerpen,** Tel. 03 2311356, www.hessenhuis.com, Mo.–Fr. ab 11 Uhr, Sa.–So. ab 15 Uhr. Tagsüber meist gemischtes Publikum, abends Trendbar mit gleichgeschlechtlichem Flair.

❸**204** [II E8] **Boléro,** Garenmarkt 32, **Brügge,** Tel. 050 338111, Do.–Mo. ab 22 Uhr. Einzige Schwulen- und Lesbenkneipe in Brügges Innenstadt.

●**205** [III E5] **Casa Rosa,** Kammerstraat 22, **Gent,** Tel. 09 2692812, tgl. 15–1 Uhr, www.casarosa.be. Erste Anlaufstation für Schwule und Lesben. Mo., Mi. und Sa. mit Informationsbüro.

❶**206** [I E5] **Red&Blue,** Lange Schipperskapelstraat 11–13, **Antwerpen,** Tel.03 2130555, www.redandblue.be, Sa. 23–7 Uhr, 10 €. Belgiens populärster Gay-Klub mit internationalem Publikum.

Sicherheit

Flandern gehört zu den sicheren Regionen Europas. Probleme bereiten hin und wieder, wie überall in größeren Städten Belgiens, **jugendliche Rowdys,** die unter Alkoholeinfluss randalieren oder Schlägereien anzetteln.

Grundsätzlich gelten **die üblichen Sicherheitshinweise:** Keine Gegenstände sichtbar im Auto zurücklassen. Auf Großveranstaltungen oder Märkten, aber auch beim Einkaufsbummel in den Shoppingcentern sollte man sich vor Taschendieben hüten. Das gilt für Zugreisende vor allem beim Umsteigen in Brüssel, dessen Bahnhof Tag und Nacht von Taschendieben bevölkert sind. In einigen Stadtteilen außerhalb der flandrischen Innenstädte sollte man abends und nachts besonders wachsam sein, erst recht, wenn man alleine unterwegs ist.

Im Falle eines Überfalls, Autoaufbruchs, Diebstahls, Betrugs, Sachbeschädigung und anderer krimineller Delikte wendet man sich am besten an die örtliche Polizei. Alle drei Polizeidienststellen sind täglich rund um die Uhr besetzt:

➤**207** [I E 7] **Polizei Antwerpen,** Oudaan 5, Tel. 03 3385511

➤**208** [II C8] **Polizei Brügge,** Hauwerstraat 3, Tel. 05 0448844

➤**209** [III B6] **Polizei Gent,** Antonius Triestlaan12, Tel. 09 2666111

Sport und Erholung

In der Regel finden sich die großen **Sport- und Freizeitzentren außerhalb der Innenstädte** – etwa in Gent der große Sport- und Freizeitpark Blaarmeersen. Dort gibt es nicht nur Möglichkeiten zur Gymnastik, sondern auch Tennis- und Squashplätze, eine Minigolfanlage, ein großes Radsportzentrum, Anlagen für fast alle Ballsportarten und ein Schwimmbad. In Antwerpen lockt der Park Spoor Noord: Eine riesige Freizeitanlage mit Wasserspielplätzen, Rad- und Skateboardpisten und vielen Rasenflächen stehen den Besuchern zu Verfügung. Einen Besuch wert ist auch Flanderns ältestes Hallenbad, das Schwimmbad van Eyck im Art-Déco-Stil. Ein feuchtes Vergnügen mitten in Gent!

🅂**210** [I H4] **Park Spoor Noord,** zwischen Ellermanstraat und Viaduct-Dam, **Antwerpen,** Tel. 03 2269667

🅂**211 Sport- und Freizeitpark Blaarmeersen,** Zuiderlaan 5, **Gent,** Tel. 09 2668170, www.gent.be/blaarmeersen

🅂**212** [III G5] **Schwimmbad van Eyck,** Veermanplein 1, **Gent,** Tel. 09 2352740, Mo., Mi., Fr. 7.30–22.30, Di. und Do. 12–22.30, Sa./So. 9–17.30 Uhr

**Het Hemelhuis –
Wellness à la carte**
Sich in jahrhundertealtem Fachwerk verwöhnen lassen – in Brügge ist das im Wellnessparadies Hemelhuis möglich. Zwei Saunen, eine Dampfsauna und ein kleines Außenschwimmbad sind das Ambiente, in dem auch Massagen angeboten werden. Eine Oase der Ruhe mitten im geschäftigen Städtchen. Sanfte Ethno- und Slowjazzklänge bringen den Erholungsbedürftigen schnell zum Träumen.

🅂**213** [II E7] **Het Hemelhuis,** Spa und Wellness, Groenerei 16, **Brügge,** Tel. 050 679693, www.hemelhuis.be, Sa.–Mi. nur mit Voranmeldung zu privater Nutzung ab 150 €, Do./Fr. 13.30–22.30 Uhr (Winter), Do./Fr. 17.30–22.30 Uhr (Sommer)

Sprache

Belgien ist ein **dreisprachiges Land.** Neben Deutsch an der Grenze zur Bundesrepublik wird im Süden Französisch und im flandrischen Norden Niederländisch gesprochen.

Aus diesem Grund muss man bei der Anreise besonders aufmerksam sein, denn die meisten Städte **firmieren unter verschiedenen Namen.** Aachen kann auf Autobahnschildern als niederländisch „Aken" oder französisch „Aix-La-Chapelle" ausgeschildert sein. Brüssel taucht niederländisch als „Brussel", französisch dann als „Bruxelles", Gent französisch als „Gand". Brügge schreibt man auf Niederländisch „Brugge" und auf Französisch „Bruges", Antwerpen auf Französisch „Anvers". Allerdings soll sich diese Situation demnächst

ändern und alle Städte einheitlich ausschildern.

In allen flandrischen Städten wird in der Regel **Flämisch** (Niederländisch) gesprochen. Genauer betrachtet ist es ein **niederländischer Dialekt,** allerdings wird dieser durch die in den Schulen gelehrte niederländische Standard- bzw. Hochsprache immer mehr verdrängt.

Aber auch **mit Englisch oder Deutsch** kommt man in den Metropolen meist zurecht. So sind in allen größeren Restaurants Speisekarten auch in Englisch oder Deutsch erhältlich.

Wer sich näher mit dem Flämischen auseinandersetzen will, dem sei der Kauderwelsch-Sprechführer „Flämisch – Wort für Wort" von Elfi Gilissen aus dem Reise Know-How Verlag empfohlen.

Stadttouren

Alle drei Städte bieten neben klassischen Stadtrundgängen Dutzende von Spezialführungen an, zum Teil auch in deutscher Sprache. Während die allgemeinen Stadtrundgänge im Sommer oft ohne große Voranmeldung möglich sind, sollte man sich zu den **Themenführungen** mindestens drei Wochen vorher anmelden. Außerdem empfiehlt es sich, vorab zu klären, in welcher Sprache die Führung erfolgen kann.

In Antwerpen gibt es einen eigenen kleinen **Katalog mit Themenwanderungen,** den man online einsehen kann (www.visitantwerpen.be). Eine zweistündige Stadtführung auch in deutscher Sprache bietet Antwerpen jedes Wochenende um 14.30 Uhr an, im Juli und August sogar täglich (Treffpunkt: Tourismus & Kongress Antwerpen, Grote Markt (s. S. 119), 8 €, im Vorverkauf 6 €).

In Brügge organisiert Toerisme Brugge (s. S. 119), u. a. zweistündige Touren durch Kneipen oder Kirchen. Andere Touren führen zum Weltkulturerbe oder moderner Architektur. Fast zwanzig Touren für Fußgänger sind im Angebot, einschließlich eines Rundgangs im Jogging-Tempo. Dazu kommen geführte Touren mit dem Rad, der Pferdekutsche, dem Motorroller oder einem Heißluftballon, Weltkulturerbewanderungen, ein Spaziergang zu den flämischen Meistern oder ins hanseatische Brügge. Außerdem gibt es im Juli und August täglich eine zweistündige Stadtführung, die um 14.30 Uhr (sonntags um 10.30 Uhr) am Tourismusbüro ('t Zand 34, s. S. 119) startet. Den Rest des Jahres werden jedes Wochenende zu verschiedenen Uhrzeiten ebenfalls Führungen angeboten.

EXTRATIPP

Genießertouren

Der Lust am Genießen kommen inzwischen auch die Touristiker entgegen. So organisiert Tourismus Antwerpen (s. S. 119) einen Bummel durch die schönsten und originellsten Kneipen. Außerdem gibt es eine Innenstadttour, bei der typische Getränke und Leckereien vorgestellt werden, etwa die *Antwerpse Handjes,* Butterkekse in Form einer Hand, oder das *Bolleke,* ein in runden Gläsern serviertes heimisches Bier.

In Brügge kann man in organisierten Touren durch die besten Schokoladengeschäfte streifen. In Gent kann man an einer Tour durch die schönsten Bierlokale teilnehmen und es gibt im Rahmen einer Führung gar ein regionales Menü, dessen Gänge in verschiedenen Restaurants eingenommen werden. Genauere Informationen halten die Touristeninformationen aller Städte bereit.

Groß ist auch das Angebot **in Gent,** dort kümmern sich gleich mehrere Anbieter um die Besucher. Klassische und kulturelle Touren organisiert der **Gidsenbond Gent,** der offizielle Stadtführerverband, das ganze Jahr über – auch in deutscher Sprache. Ausgefallenere Angebote gibt es bei **Vizit.** Dort sind u. a. die kulinarischen Touren durch Gent zu buchen.

❶ **214** [III D8] **Gidsenbond Gent – Königlicher Fremdenführerverband von Gent und Ostflandern,** Godshuizenlan 2b, **Gent,** Tel. +32(0)9 2330772, www.gentsegidsen.be, Mo.–Fr. 9–12.30 Uhr

❶ **215** [III E4] **Vizit,** Corduwanierstraat 4a, **Gent,** Tel. +32 (0)9 2337689, Mo.–Fr. 10–13 und 14–17, Sa. 10–18 Uhr, www.vizit.be

Organisierte Stadtrundfahrten

> Antwerp Diamond Bus, www.antwerp-citytour-bus.be, Tel. +32 (0)9 8517264, tgl. von April bis Oktober, stündlich 10.30–15.30 Uhr ab Centraal Station ❶, im Winter nur Sa. und So., 13 €. Rundfahrt ab Hauptbahnhof zu den wichtigsten Sehenswürdigkeiten mit sieben Haltestellen, an denen man jederzeit ein- und aussteigen kann.

> Sightseeing Antwerpen, Tel. +32 (0)3 4809388, www.touristram.be, April–Sept. tgl. 11–17, Okt. 12–16 Uhr, sonst meist nur am Wochenende. 40-minütige Rundfahrt vom Groenplaats ❻ in tramähnlichen Minibussen.

> Antwerpen mit dem Pferdewagen, April– Okt., ab Grote Markt ❾, Tel. 03 6698520, www.werkendtrekpaard. be, 6 €

> Brügge mit der Kutsche, www.hippo. be, Abfahrt am Markt ⓱, Preis pro Kutsche 39 € (maximal 5 Personen), rund 30 Min. Dauer, im Juli und August auch Nachtfahrten

> City Tour Brugge, Sightseeing Line, Tel.+32 (0)50 355024, www.citytour.be, ab 10 Uhr (letzte Fahrt im Sommer 19 Uhr), 16 €, Kinder 9,50 €. Täglich knapp einstündige Rundfahrten vom Marktplatz ⓱ in Minibussen.

> Gent mit der Kutsche, Sa. und So. 10–18 Uhr, Abfahrt am Sint-Baafsplein ㉘, Preis pro Kutsche 30 € (maximal 5 Pers.)

Ungewöhnliche Stadttouren

> Mit dem Ballon über Brügge, Mobiltel. 0475 972887, www.bruges-ballooning. com. Morgen- und Abendflüge über die Stadt (Febr.–Okt. nur bei gutem Wetter) für 145 bis170 € pro Person.

> Mit dem Rad durch Brügge: Die Rundfahrten dauern zweieinhalb Stunden und starten von März bis November täglich um 10 Uhr am Burgplatz. Preis: 25 € (Fahrradmiete und Pausengetränk inbegriffen), Veranstalter: Quasi Mundo Bike Tours, Nieuwe Gentweg 5, Tel. +32(0)50 330775, www.quasimundo.eu.

⌂ Nicht nur in Brügge finden regelmäßig Stadtrundfahrten statt

EXTRATIPP

Flandern mit der Vespa

Stilvoll lassen sich Flanderns Metropolen mit der Vespa erobern. In Brügge gibt es organisierte Rundfahrten mit Begleitung (ab 65,€ p. P.). In Gent wird man mit einem GPS-Gerät auf vorgeplante Touren geschickt (ab 50€ p. P.).
> **Vespa Tours Brügge**, Brügge, www.vespatoursbrugge.be
> **La Bella Vespa**, Gent, www.labellavespa.be

> **Unterwegs mit dem Ausrufer (Gent):** Wer Märkte mag, der sollte sonntagmorgens mit dem sogenannten Genter Ausrufer über die größeren und kleineren Märkte der Stadt ziehen. Die Tour ist kostenlos und findet von Mai bis September statt – leider nur auf Niederländisch. Start auf dem Kouter : 11 Uhr. Veranstalter: Orde van de Belleman, Koekoeklaan 56, Gent, Tel. +32(0)9 2226743, www.towncriers.be
> **Mit dem Segway durch Brügge:** Geführte Touren mit dem Segway. Veranstalter: Moment-Discover your way, Sint-Jakobsstraat 44, Tel. +32(0)50 688770, www.momentinbruges.be, ab 35€.

Telefonieren

In Flandern bzw. Belgien finden sich praktisch kaum noch öffentliche Telefonzellen – und erst recht nicht solche, die noch mit Münzgeld funktionieren. Stattdessen sollte man sich eine sogenannte **Telecard** besorgen, eine Telefonwertkarte, die es in Postämtern, Zeitungskiosken, Bahnhofsschaltern oder sogenannten Belgacom-Shops gibt.

Mobiltelefone funktionieren selbstverständlich in allen drei Städten. Da

EXTRAINFO

Vorwahlen

> Bei **Auslandsgesprächen** ist folgende Kombination zu wählen: für Deutschland 0049, für Österreich 0043, für die Schweiz 0041 + Ortsvorwahl ohne Null + Rufnummer
> Für **Telefonate aus D, A und CH** gilt: Vorwahl Belgien 0032 + Ortsvorwahl ohne Null + Rufnummer
> **Ortsvorwahlen:** Antwerpen (0)3, Brügge (0)50, Gent (0)9
> **Auskunft:** für Inland Tel. 1207, für Ausland Tel. 1204

jeder Netzbetreiber für seine Kunden in Belgien mehrere Partner hat, sollten preisbewusste Reisende auf den Roaming-Partner achten. Beim ersten Einloggen sucht sich das Handy nämlich den Roaming-Kanal mit dem stärksten Signal, wobei es sich aber nicht um den kostengünstigsten handeln muss. Fleißigen Internet-Surfern sei empfohlen, sich einen belgischen Prepaid-Mobilfunk-Anschluss zuzulegen und den Laptop dann über den Handy-Anschluss zu nutzen.

Bei Ortsgesprächen muss man wie gewohnt die Null der Ortsnetzkennzahl immer mitwählen. Bei Gesprächen aus dem Ausland entfällt die allerdings.

Uhrzeit

In Belgien gilt die mitteleuropäische Zeit (MEZ), von Ende März bis Ende Oktober die Sommerzeit (MESZ). Das bedeutet, dass bei Reisen nach Flandern die Uhr nicht umgestellt werden muss.

Unterkunft

Allgemeines

Unterkünfte gibt es in allen drei Städten genügend, sie können **jedoch im Sommer oder an Kongress- bzw. Veranstaltungstagen knapp werden.** Das gilt vor allem für Brügge in der Hochsaison. Auffällig ist der Zuwachs anspruchsvoller Hotels. Und auch immer mehr kleine Boutique-Hotels mit meist nur wenigen Zimmern bereichern das Übernachtungsangebot.

Während in Brügge vor allem an den Wochenenden die Hotels oft teurer als unter der Woche sind, ist es in Antwerpen manchmal umgekehrt. Das liegt daran, dass die Businesshotels in Antwerpen von Freitag bis Sonntag ihre Zimmer gern mit Wochenendurlaubern auslasten. In Brügge verlangen manche Hotels zu sommerlichen Spitzenzeiten mindestens zwei Übernachtungen. Umgekehrt wird dem Gast im Winter bei drei Übernachtungen in einigen Hotels hin und wieder eine Nacht geschenkt.

Die belgischen Hotels sind von den Tourismusbehörden **durch Sterne klassifiziert.** In der Regel findet sich am Hoteleingang ein blaues Schild mit Sternen, das Aufschluss über die Qualifizierung gibt. Die Sterne sagen aber wenig über die **Preisgestaltung** aus. So kann am Wochenende ein 3-Sterne-Hotel teurer als ein 5-Sterne-Palast sein, der werktags Geschäftsreisende beherbergt.

Hinzu kommt, dass die Sterne nur die Grundausstattung bewerten. Ein 24-Stunden-Service an der Rezeption oder ein Schwimmbad fällt dabei stärker ins Gewicht als die individuelle Ausstattung der Zimmer oder gar der Service. So kann es sein, dass

Preiskategorien

Preis für ein DZ ohne Frühstück:

€	bis 70 €
€€	ab 70 €
€€€	ab 110 €
€€€€	ab 150 €

 EXTRATIPP Die Touristeninformationen aller drei Städte (s. S. 119) geben jährlich ein auch online bereit gestelltes **Hotelverzeichnis** heraus, das die Qual der Wahl bei der Suche nach einer passenden Unterkunft erleichtert.

man sich in einem familiär geführten 3-Sterne-Hotel wohler fühlt als in einem höher bewerteten Haus. Deshalb ist es ratsam, hin und wieder auch einem Hotelbewertungsportal im Internet nachzuschauen, wo Reisende ihre individuellen Erfahrungen weitergeben.

Unterkünfte in Antwerpen

216 [I F6] **De Witte Lelie** €€€€, Keizerstraat 16–18, Tel. 03 2261966, www.dewittelelie.be. Nur elf Zimmer und Suiten zählt diese Ruheoase mitten in der Stadt. Fast nirgends anders wird der Gast, vom Interieur bis zum opulenten Frühstücksbuffett, mehr verwöhnt.

217 [I I8] **Lindner Hotel & City Lounge Antwerpen** €€, Lange Kievitstraat 125, Antwerpen, Tel. 03 2277700, www.lindner.de. Neues Hotel im Diamantenviertel. 173 behindertengerechte Zimmer. Gutes Preis-Leistungs-Verhältnis!

218 [I I7] **Park Inn Antwerpen** €-€€, Koningin Astridplein 14, Antwerpen, Tel. 03 2023170, www.rezidorparkinn.com. Beliebtes Hotel in Bahnhofsnähe mit

kostenlosem WLAN. 59 Räume in zeitgenössischem Design, Suiten mit Terrasse.

🏠**219** [I I7] **Radisson Blu Astrid Hotel** €€€-€€€€, Koningin Astridplein 7, Antwerpen, Tel. 03 2031273, www.radissonblu.com/astridhotel-antwerpen. Schönes Haus mit 247 Zimmern gegenüber dem Hauptbahnhof. Ein Schwimmbad, Sauna Fitnessräume werden den Gästen ebenso geboten wie kostenloses WLAN und ein großes Frühstücksbuffet.

🏠**220** [I F8] **Residentie 't Elzenveld** €€, Lange Gasthuisstraat 45, Tel. 03 202770, www.elzenveld.be. Stilmöbel in einem alten Krankenhaus, ruhige Lage, 10 Min. ins Zentrum, gutes Frühstück.

🏠**221** [I D10] **Rubenshof** €, Amerikalei 115–117, Antwerpen, Tel. 03 2370789, www.rubenshof.be. Das persönlich geführte und zentral gelegene 1-Sterne-Familienhotel verfügt über 22 einfache, aber saubere Zimmer. Das Haus diente einst als Kardinalsresidenz.

🏠**222** [I M9] **Scandic Antwerpen** €-€€, Lt Lippenslaan 66, Antwerpen, Tel. 03 2359191, www.scandichotels.com. Gepflegtes Hotel am Stadtrand mit Schwimmbad und Sauna. Gutes Preis-Leistungs-Verhältnis!

🏠**223** [I J9] **TRYP by Wyndham** €, Plantin en Moretuslei 136, Antwerpen, Tel. 03 2710700, www.trypantwerp.com. Einfaches, aber schönes Hotel im Trendviertel Zurenborg. Minibar kostenlos! Fahrradverleih.

Unterkünfte in Brügge

🏠**224** [II C6] **Asinello** €€€-€€€€, Ezelstraat 59 a, Tel. 050 345274, www.asinello.com. Viel gelobtes, modernes Bed and Breakfast im Stadtzentrum mit großem Frühstücksbuffet und sogar eigenem Hamam.

🛏**225** [II F6] **Bauhaus International Youth Hotel** €, Langestraat 133–137, Brügge, Tel. 050 341093, www.bau

haus.be. Tag und Nacht geöffnetes Jugendherbergshaus. Café und Restaurant im Haus, außerdem kann man Fahrräder ausleihen.

🏠**226** [II E7] **Die Swaene** €€€€, Steenhouwersdijk 1, Brügge, Tel. 050 342798, www.dieswaene.com. Klassisches Luxushotel im Stadtzentrum. Nahezu perfekter Service und Ausstattung, beheiztes Schwimmbad, auf Wunsch kostenlose Stadtführung (englisch).

🏠**227** [II E7] **Hotel Bourgoensch Hof** €€€, Wollestraat 39, Brügge, Tel. 050331645, www.belforthotels.com. Privat geführtes, schön eingerichtetes 3-Sterne-Hotel mitten im Stadtzentrum, in dem Hunde erlaubt sind. Persönlicher Service und außerdem mit einem guten Restaurant, in dem es eine riesige Bierauswahl gibt.

🏠**228** [II E8] **Hotel Ibis Brugge Centrum** €-€€, Katelijnstraat 65a, Brügge, Tel. 050 337575, www.ibis.com. 128 einfache Zimmer in einem mittelalterlichen Gebäude im Stadtzentrum. Snackservice rund um die Uhr, Internetzugang, Parkplätze und drei behindertengerecht ausgestattete Zimmer.

🏠**229** [II C7] **Kempinski Hotel Dukes' Palace** €€€€, Prinsenhof 8, Brügge, Tel. 050 447888, www.hoteldukespalace.com. Ein ehemaliger Adelspalast in der Altstadt ist eines von Brügges Vorzeigehotels. Feinste Eleganz und Service! Für alle, die sich etwas Besonderes gönnen wollen.

🏠**230** [II D7] **Martin's Brugge** €€, Oude Burg 5, Brügge, Tel. 050 445111, www.martins-hotels.com. Gemütliches, modernes Hotel im Stadtzentrum mit 172 Zimmern.

🏠**231** [II C8] **NH Brügge** €€, Boeveriestraat 2, Tel. 05 0449711, www.nh-hotels.de. 149 einfache Zimmer in der Altstadt. Gemütliche Bar und Restaurant im Haus, kleines Fitness-Center.

Unterkünfte in Gent

🏨 **232** [III E5] **Chambreplus** €€–€€€, Hoogpoort 31, Gent, www.chambreplus.be, Tel. 09 2253775. Individuell eingerichtete Zimmer, zum Teil mit Jacuzzi und Sicht auf den Sternenhimmel, machen dieses Bed and Breakfast zum Erlebnis.

🏨 **233** [III B4] **Ecohostel Andromeda** €, Bargiekaai, Gent, Tel. 486678033, www.ecohostel.be. Eine Mischung aus Hotel und Bed and Breakfast auf einem Schiff. Sehr ökologisches Konzept mit Pflanzen auf dem Bootsdach!

🏨 **234** [III D5] **Gent Marriott Hotel** €€€–€€€€, Korenlei 10, Gent, Tel. 09 2339393, www.marriott.com. Modernes Interieur hinter alten Mauern, direkt am Fluss und zentral gelegen. 139 Zimmer, häufig Sonderangebote!

🏨 **235** [III E4] **Ghent River Hotel** €€–€€€€, Waaistraat 5, Gent, Tel. 09 2661010, www.ghent-river-hotel.be. 4-Sterne-Haus in einer ehemaligen Großbäckerei, zentral in der Altstadt gelegen. Tipp: Am Besten ein Zimmer zum ruhigen Fluss hin verlangen!

🏨 **236** [III F4] **Hostel 47** €, Blekerijstraat 47, Gent, Tel. 478712827, www.hostel47.com. Verschiedene Zimmer für 2 bis 9 Personen, zum Teil mit Doppelbetten. Schöner Garten und kostenloser Internetzugang!

🏨 **237** [III D5] **Hotel Gravensteen** €€–€€€, Jan Breydelstraat 35, Gent, Tel. 09 2251150, www.gravensteen.be. 49 luxuriöse Zimmer im authentischen Empire-Stil, WLAN, Sauna und Hotelparkplatz.

🏨 **238** [III E4] **Hotel Harmony** €€€€, Kraanlei 37, Gent, Tel. 09 3242680. 4-Sterne-Hotel im Szeneviertel Patershol. Schöne, individuell eingerichtete Zimmer mit WLAN, z. T. auch große Studios.

🏨 **239** [III E5] **Hotel Ibis Gent Centrum St. Baafs Kathedraal** €€, Limburgstraat 2, Gent, www.ibishotel.com, Tel. 09 2330000. Unweit der Kathedrale gelegenes 120-Zimmer-Budget-Hotel. WLAN-Hotspot und rund um die Uhr geöffnete Bar, und gemütliches Frühstück von 4–12 Uhr!

🏨 **240** [III E5] **NH Gent Belfort** €€–€€€, Hoogpoort 63, Gent, Tel. 09 2333331, www.nh-hotels.com. Zentral gelegenes 174-Betten-Hotel mit großen Zimmern. Bar und Brasserie, Fitnessraum und Sauna im Haus.

Camping

Campingplätze sind gewöhnlich durch Sterne klassifiziert. Wildes Campen ist verboten!

⚠ **241** [I D3] **Camping De Molen**, Thonetlaan, 2050 **Antwerpen**, Tel. 03 2377406, www.camping-de-molen.be. Einfacher, aber sehr schön gelegener Platz am linken Schelde-Ufer mit Schwimmbad und WLAN.

⚠ **242** **Camping Memling**, Veltemweg 109, 8310 **Brügge** (Sint-Kruis), Tel. 050 355845, www.campingmemling.be. Schöner Stellplatz im Viertel Sint-Kruis östlich der City.

⚠ **243** **Camping Blaarmeersen**, Zuiderlaan 12, 9000 **Gent**, Tel. 09 2668160, www.blaarmeersen.be. 4-Sterne-Campingplatz im Sport- und Freizeitpark Blaarmeersen, 206 Stellplätze und 35 Plätze für Campingmobile.

Verhaltenstipps

❯ Vorbei sind die Zeiten, als Belgiens liberales Drogengesetz den Konsum von Cannabis erlaubte. Heute ist der **Marihuana** ebenso wie der Handel mit anderen weichen und harten Drogen **verboten.**

❯ Belgiens Kellnerinnen und Kellner sind es gewohnt, an jeden Tisch **nur eine Rechnung** zu bringen. Daher sollte einer aus der Runde die gesamte Rechnung übernehmen, anschließend kann man sie untereinander aufschlüsseln.

> Taxifahrer erwarten kein **Trinkgeld,** freuen sich aber, wenn man den Endpreis aufrundet. In Lokalen ist in der Regel bereits ein Bedienungszuschlag im Preis inbegriffen. Trotzdem kann man, wenn man besonders zufrieden war, rund 10 % dazugeben. Auch Dienstboten, Zimmermädchen und Toilettenpersonal freuen sich, wenn man ihre Arbeit mit einem angemessenen Trinkgeld würdigt.

Verkehrsmittel

Alle drei Metropolen sind durch Busse und Bahnen bestens erschlossen, sodass man tagsüber nie lange auf eine Verbindung warten muss. **Zentrale Umschlagplätze** für den öffentlichen Nahverkehr sind in Antwerpen der Bahnhof ❶ und der Groenplaats ❻, in Brügge ebenfalls der Bahnhof [II C9] und der Markt ⓱, in Gent der Korenmarkt ㊲.

Der öffentliche Nahverkehr wird von der **Gesellschaft De Lijn** in allen drei Städten betrieben, einem 1991 entstandenen Verkehrsverbund. Damit sind in einer Stadt erworbene Fahrscheine auch in den anderen flandrischen Städten gültig. Fahrplanauskunft und Routenplaner finden sich auf der Website der Gesellschaft (www.delijn.be).

> **Telefonische Auskunft** für alle Nahverkehrsfragen bezüglich Busse und Straßenbahnen. Diese Nummer wählt man auch, wenn man in Bus oder Tram etwas verloren hat: Tel. 070220200 (Mo.–Fr. 7–18 Uhr, Sa. 10–18 Uhr)

Bus und Straßenbahn

Gent und Antwerpen verfügen über ein **dichtes Bus- und Straßenbahnnetz.** Antwerpen hat als einzige Stadt **eine Metro,** genauer betrachtet eine zum Teil unterirdisch verkehrende Straßenbahn, also eine Premetro. In Brügge pendelt ein kleiner Stadtbus täglich zwischen den wichtigsten Punkten der Innenstadt. Die Zielorte und Nummern der Verbindungen sind auf der Frontseite der Busse und Bahnen angezeigt, die gewöhnlich zwischen 6 und 23 Uhr verkehren. Am Wochenende gibt es auch Nachtverbindungen.

Straßenbahn- und Busfahrkarten werden an Ticketautomaten an den Haltestellen, in Zeitungsgeschäften, Supermärkten oder direkt beim Fahrer gelöst. Außerdem sind sie an Kiosken, u. U. auch an der Hotelrezeption erhältlich. Für eine einfache Fahrt löst man ein *Biljet,* eine Mehrfachfahrkarte heißt *Lijnkaart.* Die Karte wird in Bus oder Straßenbahn an speziellen Automaten entwertet. Generell gilt, dass Tickets im Vorverkauf immer billiger sind als beim Fahrer.

Im Allgemeinen erwarten die Fahrer, dass man das Fahrgeld abge-

039fl Abb.: gs

◁ *Korenmarkt [III E5]:*
Gents zentraler Verkehrsknotenpunkt

zählt bereithält. Scheine werden nur bis 10 € Wert angenommen. Einzelfahrten kosten in der Regel 2 € oder 3 € je nach Streckenlänge. Sollte sich ein Fahrkartenautomat an der Haltestelle befinden, kann es sein, dass sich manche Fahrer weigern, ein Ticket zu verkaufen. Wer sein Ticket im Vorverkauf erwirbt, also nicht beim Fahrer bezahlt, zahlt weniger: 1,30 € für die Kurz- und 2 € für die Langstrecke. Geld sparen lässt sich auch mit einem **SMS-Ticket**, das man per Handy bestellen kann. Es ist für eine (1,55 €) oder zwei (2,35 €) Stunden Fahrtdauer gültig.

Am besten fährt man mit dem Kauf einer **Tages- oder Mehrtageskarte**, die man sich vor Fahrtantritt an einem Fahrkartenautomat oder einer Vorverkaufsstelle besorgen sollte. Sie kosten im Vorverkauf 5 € (1 Tag), 10 € (3 Tage) oder 15 € (5 Tage). Deutlich teurer sind die Karten, wenn man sie in Bussen oder Bahnen kauft. Dann kostet der Ein-Tages-Pass 7 €, der für drei Tage 12 € und der für fünf Tage 18 €. Kinder unter 6 Jahren fahren kostenlos. Die wichtigsten Vorverkaufsstellen finden sich in Gent am Korenmarkt **37**, in Antwerpen auf dem Groenplaats **6** und in Brügge am Hauptbahnhof [II C9].

Wer einsteigen will, muss dies dem Bahn- oder Busfahrer **per Handzeichen ankündigen**. Beim Aussteigen ist eine Klingel zu drücken, die dem Fahrer signalisiert, dass man das Fahrzeug verlassen möchte. Wenn man keinen Fahrschein hat, muss man immer vorne einsteigen, mit gültigem Ticket kann man auch die anderen Türen benutzen.

Busse und Bahnen sind mit den City-Cards (s. S. 118) oft kostenfrei

Schiff

In allen drei Städten finden während der Hochsaison regelmäßig Schiffsrundfahrten statt. In Brügge und Gent führen diese entlang der Grachten, in Antwerpen quer durch das riesige Hafenareal und auf der Schelde entlang.

Flandria Boat ist Antwerpens wichtigste Schifffahrtslinie. Sie organisiert nicht nur die täglichen Hafenrundfahrten (s. S. 62), sondern auch Ausflugsfahrten auf der Schelde. Gleich eine Handvoll Einsteigestellen gibt es in Brügge, wo Hunderttausende jährlich die Stadt per Boot erobern (s. S. 73). Außerdem gibt es von April bis Oktober Ausflugsfahrten ins benachbarte Damme, die am Noorweegse Kaai [II F4] starten. Gleich drei Gesellschaften bieten in Gent Grachtentouren an, die im Preis fast alle gleich sind. Für deutschsprachige Besucher empfiehlt sich:

> **De Bootjes van Gent – Rederij Dewaele**, Halvemaanstraat 41, 9040 **Gent**, Tel. 09 2291716, www.debootjesvangent. be, März–Nov. 10–18 Uhr, ab 6,50 € je nach Streckenlänge

Taxi

Taxifahren in den flandrischen Metropolen ist teuer geworden. Für Fahrten im Innenstadtbereich muss man in allen drei Städten mit etwa 10 bis 15 € rechnen. In Gent beträgt der Mindestfahrpreis 8 €. Nachtfahrten sind gewöhnlich deutlich teurer als Tagestouren, da sich hier der Kilometerpreis meist verdoppelt. In Antwerpen gibt es ein sogenanntes **TOV-Ticket**, das die Hinfahrt mit Bus oder Straßenbahn erlaubt und bei der Rückfahrt 2 € Ermäßigung auf den Taxipreis bietet (max. 4 Pers. pro Taxi). In Gent, wo man die Zahl der Taxen sehr verknappt hat, muss man sich auf längere Wartezeiten einrichten. Es ist also ratsam, Taxen so früh wie möglich vorzubestellen!

Normalerweise finden sich die Taxis an festen Standplätzen in der Innenstadt. Das sind in Gent vor allem die Bahnhöfe und der Korenmarkt **㊲**, in Antwerpen Centraal Station **❶** und Groenplaats **❻**, in Brügge Markt **⓱** und Bahnhofsplatz. Selbstverständlich kann man immer auch einen Wagen samt Fahrer per Telefon rufen, die Nummern der wichtigsten **Taxizentralen** lauten:

> Antwerpen: Tel. 03 2383838
> Brügge: Tel. 050 344344
> Gent: Tel. 09 3333333

Wetter und Reisezeit

Flanderns Metropolen sind **zu jeder Jahreszeit eine Reise wert**, vor allem aber außerhalb der traditionellen Ferienzeiten, in denen Städte wie Brügge meist von Touristen überlaufen sind, entfalten sie ihren besonderen Reiz. Auf alle Fälle gehört **Regenkleidung** ins Reisegepäck, denn die Klimadaten für Flandern weisen statistisch das ganze Jahr über Niederschlag aus. Schnee und Frost sind wegen der nahen Nordsee selten. Umgekehrt dämpft das Meer im Hochsommer die Temperaturen.

Die **allgemeine Reisesaison** beginnt Ende März und endet im Spätherbst. Da Flanderns Städte aber eigentlich ein Ganzjahresziel sind, sollte man seine Visite auch von den kulturellen Angeboten abhängig machen.

°C/Tage **Wetter in Flandern**
Tagestemperatur
Regentage/Monat

Jan Feb März Apr Mai Juni Juli Aug Sept Okt Nov Dez

Anhang

Kleine Sprachhilfe

Die folgenden Wörter und Redewendungen wurden dem Reisesprachführer „Niederländisch – Wort für Wort" (Kauderwelsch-Band 66) aus dem REISE KNOW-HOW Verlag entnommen und sollen dem Leser eine erste kurze Einführung in die niederländische Sprache bieten. (Das Flämische, das in Flandern gesprochen wird, ist ein Dialekt des Niederländischen.)

Aussprache

Die folgenden Buchstaben(kombinationen) werden anders als im Deutschen ausgesprochen. Die zweite Spalte gibt die Lautschrift wieder.

ch, g	ch	raues „ch" wie in „lachen"
g	sh	bei französ. Wörtern vor e, i, y wie zweites „g" in „Garage"
ng	ng	„ng" wie im Deutschen „bringen"
e	è	kurzes „e" wie in „bitte"
ei, ij	äj	wie „ey"
eu	öö	wie ein langes „ö"
oe	u	kurzes „u" wie in „Bus"
ou	au	wie „au" in „Maus"
s	ß	stimmloses „s" wie in „Bus"
sch	ßch	wie „ß" und dann „ch" in „Häuschen" (kein deutsches „sch")
sj	sch	deutsches „sch" wie in „Schule"
tj	tch	zwischen „tch" und „tj" wie in „Kärtchen"
u	üü	langes „ü" wie in „Mühe", oder:
	ö	kurzer Laut zwischen „i" und „ö"
ui	öi	etwa wie „öi" in „Feuilleton"
v	v	zwischen „f" und „w"
z	s	stimmhaftes „s" wie in „Rose"

Am Wortende gibt es folgende Besonderheiten:

-b	-p	wie „p"
-d	-t	wie „t"
-ig	-èch	„ech" mit weichem „ch" (kein „ä")
-isch	-ieß	„ieß" (mit langem „i"
-n		wird manchmal verschluckt
-lijk	-lèk	„lek", klingt fast wie „lök"
-tie	-zie	„zie" (mit langem „i")

Häufig gebrauchte Wörter und Redewendungen

Zahlen

0	nul	nöll
1	een	een
2	twee	twee
3	drie	drie
4	vier	vier
5	vijf	väjf
6	zes	säß
7	zeven	seevèn
8	acht	acht
9	negen	neechèn
10	tien	tien
11	elf	älf
12	twaalf	twaalf
13	dertien	därrtien
14	veertien	veertien
15	vijftien	väjftien
16	zestien	säßtien
17	zeventien	seevèntien
18	achtien	achtien
19	negentien	neechèntien
20	twintig	twintich
21	eenentwintig	eenèntwintich
22	tweeëntwintig	tweeèntwintich
23	drieëntwintig	drieèntwintich
24	vierentwintig	vierèntwintich
25	vijfentwintig	väjfèntwintich
26	zesentwintig	säßèntwintich
27	zevenentwintig	seevèn èntwintich
28	achtentwintig	achtèntwintich

Kleine Sprachhilfe

29	*negenentwintig*	neechènènt	101	*honderdeen*	hondèrdeen
		wintich	102	*honderdtwee*	hondèrdtwee
30	*dertig*	därrtich			(usw.)
40	*veertig*	veertich	200	*tweehonderd*	tweehondèrd
50	*vijftig*	väjftich	300	*driehonderd*	driehondèrd
60	*zestig*	sßtich	1.000	*duizend*	döisènd
80	*tachtig*	tachtich	2.000	*tweeduizend*	tweedöisènd
90	*negentig*	neechèntich	10.000	*tienduizend*	tiendöisènd
100	*honderd*	hondèrd	1.000.000	*een miljoen*	een milljunn

Die wichtigsten Fragewörter

welke?	wällkè	welches?
wat voor een?	wat voor een	was für ein?
waar?	waar	wo?
waarvandaan?	waarvanndaan	woher?
waarnaartoe?	waarnaatu	wohin?
waarom?	waaromm	warum?
hoe?	hu	wie?
hoeveel?	huveel	wie viel?
wanneer?	wanneer	wann?
waarmee?	waarmee	womit?

Die wichtigsten Richtungsangaben

(naar) rechts/links	naar rächtß/linkß	(nach) rechts/links
rechtdoor	rächtdoor	geradeaus
terug	tèröch	zurück
tegenover	teechènoovèr	gegenüber
tussen	tößèn	zwischen

Die wichtigsten Zeitangaben

(over)morgen	(oovèr)morchèn	(über)morgen
's morgens	ßmorchènß	morgens
's middags	ßmiddachß	mittags
's avonds	ßavèndß	abends
dagelijks	daachèlèkß	täglich
eerder – later	eerdèr – laatèr	früher – später
nou, nu – gauw	nau, nü – chauw	jetzt – bald
maandag	maandach	Montag
dinsdag	dinßdach	Dienstag
woensdag	wunßdach	Mittwoch
donderdag	dondèrdach	Donnerstag
vrijdag	vräjdach	Freitag
zaterdag	saatèrdach	Samstag
zondag	sonndach	Sonntag

AusspracheTrainers auf PC oder Smartphone lernen (siehe Umschlag hinten) +++

Kleine Sprachhilfe

Die wichtigsten Fragen

Wat is dat?	Was ist das?
wat iß dat	
Kunt u me vertellen ...?	Können Sie mir sagen ...?
könnt ü mè vèrtällèn	
Is er ...? – Heeft u ...?	Gibt es ...? –
iß èr – heeft ü	Haben Sie ...?
Ik wou graag ...	Ich hätte gerne ...
ik wau chraach	
Ik zoek ... – Ik neem ...	Ich suche – Ich nehme ...
ik suk – ik neem	
Waar vind ik ...?	Wo finde ich ...?
waar vind ik	
Ik heb ... nodig.	Ich brauche ...
ik häp noodich	
Waar kan ik ... kopen?	Wo kann ich ... kaufen?
waar kann ik ... koopèn	
Kunt u me ... geven?	Können Sie mir ... geben?
könnt ü mè ... cheevèn	
Hoeveel kost dat?	Wie viel kostet das?
huveel koßt dat	
Waar is ...?	Wo ist ...?
waar iß	
Hoe kom ik naar ...?	Wie komme ich nach ...?
hu komm ik naar	
Hoeveel kost de rit naar ...?	Wie viel kostet die Fahrt
huveel koßt dè rit naar	nach ...?
Ik wil graag naar ...	Ich möchte nach ... (Taxi)
ik will chraach naar	
Hoe lang duurt ...?	Wie lange dauert ...?
hu lang düürt	

Nichts verstanden? – Weiterlernen!

Ich spreche kaum Niederländisch.	*Ik spreek bijna geen Nederlands.*
	ik ßpreek bäjna cheen needèrlandß
Wie bitte?	*Wat zeg je/zegt u?*
(geduzt/gesiezt)	wat säch jè/sächt ü
Ich habe dich/Sie nicht verstanden.	*Ik heb je/u niet verstaan.*
	ik häp jè/ü niet vèrßtaan
Sprichst du/sprechen Sie Englisch/	*Spreek jij/spreekt u Engels/Duits?*
Deutsch?	ßpreekt ü/ßpreek jäj ängelß/döitß
Was heißt ... auf Niederländisch/	*Wat is ... in het Nederlands/Duits?*
Deutsch?	wat iß ... in hèt needèrlandß/döitß
Kannst du/können Sie das	*Kun je/Kunt u dat nog een keer zeggen?*
wiederholen?	könn jè/könnt ü dat noch een
	keer sächèn

Könnten Sie etwas langsamer sprechen?	*Zou u iets langzamer kunnen spreken?* sau ü ietß langsaamèr können ßpreekè
Was bedeutet dieses Wort?	*Kunt u me vertellen wat dit woord betekent?* könnt ü mè vèrtällèn wat dit woord bèteekènt
Wie spricht man dieses Wort aus?	*Hoe spreekt u dit woord uit?* hu ßpreekt ü dit woord öit
Können Sie mir das bitte aufschreiben?	*Wilt u mij dat alstublieft opschrijven?* willt ü mäj dat aßtüblieft opßchräjvèn

Die wichtigsten Floskeln und Redewendungen

ja – nee jaa - nee	ja – nein
dank u – dank je wel dank ü - dank jè wäl	danke (gesiezt – geduzt)
alsjeblieft – alstublieft aßjèblieft - aßtüblieft	bitte (geduzt – gesiezt)
Graag gedaan. chraach chèdaan	Keine Ursache./ Gern geschehen.
Dankjewel, hetzelfde! dankjèwäl, hètsälfdè	Danke gleichfalls! (geduzt)
Goedemorgen!/Goededag! chujèmorchèn/chujèdach	Guten Morgen/Tag!
Goedenavond! chujènaavènd	Guten Abend!
Welterusten! wälltèrößtèn	Gute Nacht!
Welkom! wällkomm	Willkommen!
Hallo!/Hoi! – Doei! hallo/hoj - duj	Hallo! - Tschüss!
Tot ziens! tott sienß	Auf Wiedersehen!
Tot gauw. tot chauw	Bis bald.
Hoe gaat het (met jou/u)? hu chaat hèt (mät jau/ü)	Wie geht's (dir/Ihnen)?
Dank u wel, goed! dank ü wäll, chut	Danke, gut. (gesiezt)
Eet smakelijk! – Proost! eet ßmaakèlèk - prooßt	Guten Appetit! - Prost!
Sorry! – Het spijt me. ßorrie - hèt ßpäjt mè	Entschuldigung! - Es tut mir Leid.
Is niet erg./Is Okee. iß niet ärch/iß okee	Macht nichts! (Antwort auf Entschuldigung)

Der Autor

In einer der ältesten europäischen Kulturlandschaften fühlt sich der Reisejournalist **Günter Schenk** besonders wohl. Immer wieder führten ihn seine Wege nach Flandern, dessen fast mediterrane Lebenslust ihn auch zu diesem CityTrip-Band inspirierte. Für ihn sind Antwerpen, Brügge und Gent ein Stück europäischer Identität, Metropolen einer lebendigen Geschichte, deren Vergangenheit heute ihre Zukunft bestimmt. Immer wieder macht er dort gern Station – zuletzt im September 2013, als er sich für diesen Band nach Neuem umschaute.

Der ehemalige Fernsehredakteur arbeitet als freier Reisejournalist für renommierte deutschsprachige Zeitungen und Magazine wie „GEOSaison", „Südwestpresse", „Westdeutsche Allgemeine Zeitung", „Rhein-Neckar-Zeitung", „Badische Zeitung" oder „Münchner Merkur". Im REISE KNOW-HOW Verlag erschienen in der gleichen Reihe seine CityTrip-Bände „Liverpool", „Brüssel", „Rotterdam", „Vilnius und Kaunas", „Mainz" und „Heidelberg", außerdem der PRAXIS-Band „Europas schönste Feste erleben", ein Führer zu den interessantesten Festen Europas.

Schreiben Sie uns

Dieser CityTrip-Band ist gespickt mit Adressen, Preisen, Tipps und Infos. Nur vor Ort kann überprüft werden, was noch stimmt, was sich verändert hat, ob Preise gestiegen oder gefallen sind, ob ein Hotel, ein Restaurant immer noch empfehlenswert ist oder nicht mehr usw. Unsere Autoren sind zwar stetig unterwegs und erstellen alle zwei Jahre eine komplette Aktualisierung, aber auf die Mithilfe von Reisenden können sie nicht verzichten.

Darum: Schreiben Sie uns, was sich geändert hat, was besser sein könnte, was gestrichen bzw. ergänzt werden soll. Wenn sich die Infos direkt auf das Buch beziehen, würde die Seitenangabe uns die Arbeit sehr erleichtern. Gut verwertbare Informationen belohnt der Verlag mit einem Sprechführer Ihrer Wahl aus der über 220 Bände umfassenden Reihe „Kauderwelsch".

Bitte schreiben Sie an:
REISE KNOW-HOW Verlag Peter Rump GmbH, Postfach 140666, D-33626 Bielefeld, oder per E-Mail an: info@reise-know-how.de

Danke!

Latest News
Unter **www.reise-know-how.de** werden aktuelle Ergänzungen und Änderungen der Autoren und Leser zum vorliegenden Buch bereitgestellt. Sie sind auf der Produktseite dieses CityTrip-Titels abrufbar.

Register

Register